博士后文库

中国博士后科学基金资助出版

轮轨黏着行为与增黏

王文健 刘启跃 著

科学出版社

北 京

内 容 简 介

本书系统介绍轮轨界面黏着的影响因素、常见低黏着问题及增黏措施与损伤行为。全书共 6 章,第 1 章论述轮轨黏着的基本概念及研究方法,第 2、3 章分别介绍干态和水、油、树叶、防冻液等轮轨界面第三介质工况下的轮轨黏着行为,第 4 章从弹流润滑理论出发,结合第 3 章中的研究结果,建立水、油介质工况下的轮轨黏着数值仿真模型,第 5 章系统讨论不同增黏方法的增黏效果及对轮轨损伤行为的影响,第 6 章介绍轮轨黏着系数的测定及利用控制方法。

本书可供从事铁路机车车辆研究的相关专业院校、科研机构、机车车辆制造企业及铁路线路管理部门的研究生、研究人员和工程技术人员查阅、参考。

图书在版编目(CIP)数据

轮轨黏着行为与增黏/王文健,刘启跃著. —北京:科学出版社,2017.3
(博士后文库)
ISBN 978-7-03-052068-5

I.①轮⋯ Ⅱ.①王⋯②刘⋯ Ⅲ.①轮轨黏着特性-研究 Ⅳ.①U211.5

中国版本图书馆 CIP 数据核字(2017)第 047631 号

责任编辑:刘宝莉 / 责任校对:桂伟利
责任印制:张 伟 / 封面设计:陈 敬

科 学 出 版 社 出版
北京东黄城根北街 16 号
邮政编码:100717
http://www.sciencep.com

北京教图印刷有限公司 印刷
科学出版社发行 各地新华书店经销
＊
2017 年 3 月第 一 版 开本:720×1000 1/16
2017 年 3 月第一次印刷 印张:12
字数:242 000

定价:85.00 元
(如有印装质量问题,我社负责调换)

《博士后文库》编委会名单

主　任　陈宜瑜

副主任　詹文龙　李　扬

秘书长　邱春雷

编　委（按姓氏汉语拼音排序）

《博士后文库》序言

1985年,在李政道先生的倡议和邓小平同志的亲自关怀下,我国建立了博士后制度,同时设立了博士后科学基金。30多年来,在党和国家的高度重视下,在社会各方面的关心和支持下,博士后制度为我国培养了一大批青年高层次创新人才。在这一过程中,博士后科学基金发挥了不可替代的独特作用。

博士后科学基金是中国特色博士后制度的重要组成部分,专门用于资助博士后研究人员开展创新探索。博士后科学基金的资助,对正处于独立科研生涯起步阶段的博士后研究人员来说,适逢其时,有利于培养他们独立的科研人格、在选题方面的竞争意识以及负责的精神,是他们独立从事科研工作的"第一桶金"。尽管博士后科学基金资助金额不大,但对博士后青年创新人才的培养和激励作用不可估量。四两拨千斤,博士后科学基金有效地推动了博士后研究人员迅速成长为高水平的研究人才,"小基金发挥了大作用"。

在博士后科学基金的资助下,博士后研究人员的优秀学术成果不断涌现。2013年,为提高博士后科学基金的资助效益,中国博士后科学基金会联合科学出版社开展了博士后优秀学术专著出版资助工作,通过专家评审遴选出优秀的博士后学术著作,收入《博士后文库》,由博士后科学基金资助、科学出版社出版。我们希望,借此打造专属于博士后学术创新的旗舰图书品牌,激励博士后研究人员潜心科研,扎实治学,提升博士后优秀学术成果的社会影响力。

2015年,国务院办公厅印发了《关于改革完善博士后制度的意见》(国办发〔2015〕87号),将"实施自然科学、人文社会科学优秀博士后论著出版支持计划"作为"十三五"期间博士后工作的重要内容和提升博士后研究人员培养质量的重要手段,这更加凸显了出版资助工作的意义。我相信,我们提供的这个出版资助平台将对博士后研究人员激发创新智慧、凝聚创新力量发挥独特的作用,促使博士后研究人员的创新成果更好地服务于创新驱动发展战略和创新型国家的建设。

祝愿广大博士后研究人员在博士后科学基金的资助下早日成长为栋梁之才,为实现中华民族伟大复兴的中国梦做出更大的贡献。

中国博士后科学基金会理事长

前　言

　　轮轨黏着是铁路运输中基础性的关键科学问题之一,是轮轨关系和机车动力学研究的基础。随着我国铁路运输的迅速发展,尤其是高速、重载运输的发展以及机车技术的进步,机车功率不断提高,轮轨间需要传递的载荷日益增加,需要保证轮轨间良好的黏着状态以满足机车牵引功率的发挥。良好的轮轨黏着能有效地改善轮轨界面的工作性能、延长轮轨使用寿命,降低铁路设备的维护维修费用,有重大的经济意义。深入透彻地研究并阐明这个问题,才能从最根本上保障列车运行安全和乘客的生命安全。

　　轮轨系统作为一个开放的系统,受到多种因素的影响。我国幅员辽阔、气候多变,意味着我国铁路在更为复杂的气候条件下运行,复杂服役环境下的轮轨界面黏着行为成为保障铁路安全运行的关键所在。由低黏着造成的列车牵引能力不足而引起的最常见的结果是列车误点,直接影响铁路的正常运营。低黏着造成的制动力不足则导致制动距离变长,从而引起安全问题,甚至造成列车冒进信号、冲出站台或者列车相撞等严重的行车安全事故。2002 年 10 月 7 日,由下雨造成的轮轨低黏着竟然使荷兰全国绝大部分铁路线路瘫痪了一天,因此轮轨界面低黏着问题的解决对保障铁路运输的安全具有极其重要的意义。

　　作者研究团队在国家自然科学基金青年基金项目(No. 50905148)、中国博士后科学基金面上项目和特别资助项目(No. 20100471657、No. 201104650)、中央高校基本科研业务费专项资金科技创新项目(No. SWJTU12CX037)、国家重点基础研究发展计划(973 计划)项目子课题(No. 2011CB711103)等的资助下,借助大型轮轨模拟设备及数值仿真方法,比较系统地研究了轮轨界面黏着行为、增黏措施及损伤行为,相关研究成果汇集形成了本书。

　　本书共 6 章。第 1 章从轮轨关系角度,介绍轮轨界面黏着的定义和轮轨黏着的研究方法,综述国内外针对轮轨黏着行为的研究进展,并对轮轨黏着行为与增黏的基本研究内容进行介绍。第 2 章主要介绍干态工况下的轮轨黏着行为,包括轮轨黏着-蠕滑曲线,速度、轴重、曲线半径、轮径及新/旧模拟轮、车轮型面、低温环境、坡道条件等对轮轨界面黏着特性的影响及规律,为认识和揭示干态工况下轮轨黏着特性提供重要的支撑。第 3 章主要介绍第三介质工况下轮轨黏着行为,包括轮轨界面上常存在的水、油、落叶、防冻液等介质对轮轨界面黏着特性的影响及规律,介绍小比例轮轨几何型面轮轨黏着模拟试验方法及结果,为认识轮轨界面的低黏着提供了重要的结果。第 4 章介绍基于二维滚动接触理论和弹流润滑理论建立的第三介质工况下的轮轨二维滚动接触数值模型及相关仿真结果,同时利用模拟试验验证了仿真结果的可靠性。第5章针对轮轨界面低黏着现象,介绍低黏着下轮轨的增黏与损伤行为,分析轮轨界面撒砂/氧化铝颗粒增黏、研磨子增黏、磁场作用下轮轨增黏过程中的损伤行为。第6章介绍目前国内外有关轮轨黏着系数的现场试验测量方法,综述讨论如何提高轮轨黏着系数的合理利用及控制方法。

　　本书的出版,得到了诸多支持与帮助。首先感谢所有参加课题研究的研究生,他们是申鹏博士、张鸿斐硕士、刘腾飞硕士、汪洪硕士、黄万亮硕士、师陆冰博士生、朱文涛硕士生、曹熙硕士生、林彬硕士生,正是他们的辛勤努力工作和积极配合,才保证了本书研究成果的顺利完成。当然也要感谢在研究过程中提供了众多帮助和支持的牵引动力国家重点实验室的金学松教授、温泽峰研究员、王衡禹副研究员,摩擦学研究所周仲荣教授、朱旻昊教授、钱林茂教授、陈光雄教授。最后要衷心感谢中国博士后科学基金会、科学出版社的编辑人员,是他们的直接支持和辛勤工作促成了本书的及时出版。

　　由于作者水平有限,书中难免存在不足之处,敬请广大读者批评指正。

王文健　　刘启跃

2017 年 1 月

于西南交通大学

目　　录

第1章 轮轨关系与黏着

1.1 轮 轨 关 系

1825 年 9 月 27 日,世界上第一条行驶蒸汽机车的永久性公用运输设施,英国斯托克顿—达灵顿的铁路正式通车,这是近代铁路运输业的开端。1876 年,英国商人在上海修建的淞沪铁路,被认为是在中国土地上修建的第一条铁路。经过100 多年的发展,铁路机车从蒸汽机车时代发展到内燃机车时代,然后又跨越到电力机车时代。21 世纪以来,铁路运输业得到空前的发展,高速铁路网全球性的建设高峰时期已经到来。

截至 2016 年底,我国铁路营业里程已达到 12.4 万 km,其中高速铁路 2.2 万km,居世界第一位,占世界高铁总里程的 60% 以上。尤其京沪高铁、京广高铁、哈大高铁、兰新高铁等一批重大项目建成通车,基本形成了以"四纵四横"为主骨架的高速铁路网。根据我国《中长期铁路网规划》的规划目标,到 2025 年,我国高速铁路将达到 3.8 万 km 左右,在已有的"四纵四横"的基础上,形成以"八纵八横"主通道为骨架、区域连接线衔接、城际铁路为补充的新的高速铁路网[1]。

伴随高铁的快速发展,高速铁路走出去已成为国家战略。继"客运高速"后,"货运重载"也成为中国铁路建设新重点。2014 年 4 月 2 日,大秦铁路成功组织实施了牵引重量 3 万 t 重载列车运行试验,成为世界上仅有几个掌握 3 万 t 铁路重载技术的国家之一,使我国重载铁路运输技术达到国际领先水平。

铁路运输系统的基本工作原理是借助于轮轨滚动接触作用,可以将数百吨甚至数万吨列车的重量传递到轨道上,并能沿轨道由低速到高速发生移动[2]。如图1.1 所示,车轮和钢轨分别具有不同的型面,当轮对沿轨道滚动时,每个车轮要传递几吨到几十吨载荷到钢轨,轮轨材料因挤压形成的接触斑面积仅有约拇指大小,轮对和钢轨不仅发生结构弹性变形、接触斑附近材料发生弹性变形,而且在接触斑处的小区域内出现塑性变形。轮对在轨道上滚动过程中,相对钢轨不仅存在横向滑动和纵向滑动,而且在轮轨接触界面之间还存在相对转动[3~5],即产生轮轨自旋运动,因此轮轨接触斑存在有横向蠕滑力、纵向蠕滑力和自旋蠕滑力。当轮对发生横向运动和摇头运动时,尤其是车辆通过小半径曲线、轨缝和道岔时,轮轨之间将发生冲击振动。轮对过大的横移导致轮缘和钢轨内侧发生贴靠时,轮轨之间就要发生两点接触[6]。

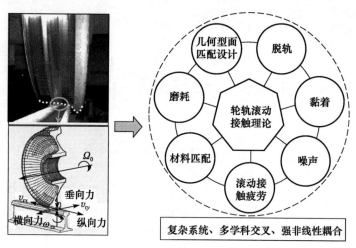

图 1.1　轮轨关系问题

　　轮轨关系研究涉及刚体运动几何学、机械设计、车辆动力学、摩擦学、固体力学(滚动接触力学、弹塑性理论、断裂力学和有限元等)、振动与噪声、热力学及材料学等方面的知识。此外,轮轨系统始终处在一个开放的环境中,轮轨接触容易受到外界环境的影响,经常服役于高寒、高温、高湿、腐蚀、雨雪、高原风沙、雾霾、柳絮等极其复杂的环境中。因此,轮轨关系是一个复杂、多学科交叉、强非线性耦合系统。随着铁路事业的发展,多年来轮轨关系研究已逐渐分化为若干个既相互独立又相互关联的分支。目前轮轨关系研究内容主要包括轮轨磨耗、滚动接触疲劳、轮轨材料匹配、轮轨黏着、脱轨、轮轨噪声、轮轨几何型面匹配设计等方面[3](见图 1.1)。

　　轮轨关系问题作为铁路运输中基础性的关键科学技术问题之一,是国际性难题,为此世界各国尤其是铁路发达国家都投入了大量的人力和物力开展轮轨关系系列问题的研究[3]。为促进这项世界性难题的研究,国际轮轨系统接触力学和磨耗会议(International Conference on Contact Mechanics and Wear of Rail/Wheel Systems)、国际重载运输大会(International Heavy-haul Transport Congress)、国际轮轴大会(International Wheelset Congress)和国际车辆系统动力学会议(International Symposium on Dynamics of Vehicle on Roads and Tracks)等都设专题交流讨论轮轨关系问题的研究进展。

1.2　轮轨界面黏着

　　铁路运输过程当中,通过车轮与钢轨接触斑之间的黏着-蠕滑来传递牵引力。因此,轮轨界面黏着特性是影响列车牵引与制动的最直接也是最主要的因素,轮轨界面的黏着行为直接影响机车牵引功率的发挥、轮轨表面损伤、列车运行稳定性和列车制动等诸多方面。机车处于牵引工况时,当机车的牵引力大于轮轨黏着力时,将造成车轮的持续空转,使车轮踏面和钢轨表面形成擦伤[7]。机车处于制动工况,当机车的制动力大于轮轨黏着力时,将造成车轮的打滑,车轮打滑也会使钢轨和车轮表面形成擦伤,如图 1.2 所示。车轮与钢轨擦伤会成为列车运行过程中的随机激扰,对车辆的稳定性和平稳性造成严重影响。擦伤还有可能导致车轮和钢轨表面出现热裂纹、疲劳裂纹等一系列问题,严重的可能成为断轨的诱发因素。同时车轮和钢轨的擦伤也会增加机车车辆和轨道的维护成本。

（a）车轮踏面　　　　　　　　　（b）钢轨表面

图 1.2　轮轨擦伤

在车轮载荷 P 的作用下(见图 1.3),轮轨接触区发生弹塑性变形,形成椭圆形接触斑。当车轮受到驱动力矩 M 作用向前滚动时,车轮和钢轨材料在接触区周围发生弹塑性变形,从而在轮轨接触面之间产生切向力 F,且 $F = M/r$(r 为车轮半径)。车轮切向力 F 即为牵引力,使机车车轮滚动前行。轮轨表面的这种接触状态常称为黏着,黏着是一种状态、现象[8]。轮轨界面黏着是一个动态随机变量,受到很多复杂因素的影响,它会随时间、地点和环境因素的不同而发生变化。根据 Hertz 接触理论,新轮轨接触区域近似为一个椭圆,这个椭圆接触斑又分为黏着区和蠕滑区,如图 1.4 所示[9]。

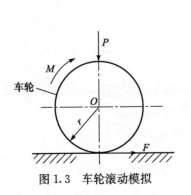 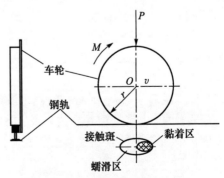

图 1.3　车轮滚动模拟　　　　　图 1.4　轮轨黏着和蠕滑区[9]

黏着系数是表示车轮与钢轨界面之间黏着状态的重要指标[7]。它表示了车辆的牵引力或制动力传递给钢轨的可能程度,具体地说,是车轮圆周方向的切向力与车轮垂直载荷之比的最大值。把轮轨界面传递的切向力 F 与垂向静载荷 P 的比值定义为黏着系数 μ:

$$\mu = \frac{F}{P} \tag{1.1}$$

轮轨接触区域可能达到的最大黏着,称为可用黏着。最大可能黏着力 $F_{\max}$ 则对应图 1.5 中车轮牵引力 F 的峰值,因此把 $F_{\max}$ 与静载荷 P 的比值定义为可用黏着系数 $\mu_{\max}$:

$$\mu_{\max} = \frac{F_{\max}}{P} \tag{1.2}$$

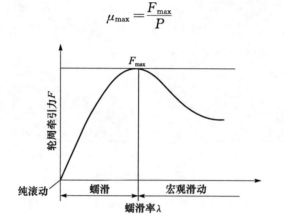

图 1.5　轮周牵引力与蠕滑率的关系

目前,除了黏着系数和可用黏着系数,还有假定黏着系数、要求黏着系数、计算黏着系数、利用黏着系数、黏着利用系数、制动牵引黏着系数等[7]。

(1) 假定黏着系数:假定轮轨间的垂向载荷在运行过程中是固定不变的,即黏着力的变化是由黏着系数的变化引起的,黏着力与运动状态的关系就简化成了黏着系数与运动状态的关系。此时,黏着系数就成为假定值,它和假定不变的轮轨间垂向载荷的乘积就等于黏着力[10]。

(2) 要求黏着系数:是指轮轨间的切向力除以轮轨间的垂向载荷得到的比值。此时的切向力不一定是最大切向力。要使车轮不滑行,要求黏着系数必须小于或等于实际黏着系数。

(3) 计算黏着系数:它是根据线路上实测的轮轨黏着系数,再综合其他影响因素修正后得到的,也就是黏着系数公式所计算出的黏着系数[7]。

我国内燃机车的计算黏着系数公式为(v 为速度,下同)

$$\mu_j = 0.248 + \frac{5.9}{75 + 20v} \tag{1.3}$$

我国电力机车的计算黏着系数公式为

$$\mu_j = 0.24 + \frac{12}{100 + 8v} \tag{1.4}$$

欧洲铁路常用的机车计算黏着系数公式为

$$\mu_j = 0.161 + \frac{7.5}{44 + v} \tag{1.5}$$

日本既有线机车车辆计算黏着系数公式为

$$\mu_j = \frac{32.74}{187 + v} \tag{1.6}$$

日本新干线动车组计算黏着系数公式为

$$\mu_j = \frac{13.6}{85 + v} \tag{1.7}$$

（4）利用黏着系数[7]：根据不同应用条件的客观要求（如防滑器的摩擦磨损特性、是否装有闸瓦、闸片、车轮踏面状态、轴重转移状况、气候情况、运行区段线路情况、制动距离要求、列车最高运行速度等）进行人为选取。不同季节、不同地点、不同车型的利用黏着系数有所不同。在实际使用中，一般是先根据公式算得的黏着系数，再进行一定量的增减，作为设计依据。

（5）黏着利用系数：是把利用黏着系数与根据公式所得的黏着系数进行比较，将其比值作为黏着利用系数，它代表黏着利用程度。

（6）制动牵引黏着系数：轮对的运用工况是影响轮轨黏着系数的一个有效因素，因此制动黏着系数和牵引黏着系数大小是不同的，分别对应于轮轨系统的制动和牵引工况。

轮轨接触行为的复杂性和强非线性耦合作用，导致轮轨界面黏着特性的复杂多变，使黏着系数具有随机性，变化范围很大，受外界因素影响大，影响轮轨界面黏着的主要因素总结如图 1.6 所示。

图 1.6　轮轨界面黏着影响因素

　　影响轮轨界面黏着的因素主要有：①轮轨界面状态，当轮轨表面存在第三介质污染物[11]（水、油、油脂、水油混合、冰、雪、落叶、表面氧化铁锈、雾霾、柳絮等）时，轮轨界面黏着特性将发生很大的变化，往往会造成轮轨黏着系数降低。例如，水介质对黏着的影响尤为常见并且是影响最大的因素。因为水的存在形式具有多样性，它包括液态水和蒸汽，如雾、露水等，会在轮轨表面形成很薄的水膜，对轮轨产生润滑作用，使得黏着系数迅速降低[9]。②环境因素，当轮轨所处的外部环境因素改变时，如温度（高寒、高温）、湿度、磁场等发生变化时，轮轨黏着系数将随之改变。试验研究发现，相对湿度超过 85% 时轮轨黏着系数将急剧下降[4]。③运行参数，主要包括速度、轴重、蠕滑率、轮径、曲线半径等参数，这些参数的影响主要取决于现场的应用条件。④轮轨接触状态：主要包括轮轨表面粗糙度、轨道线路工况（坡道、曲线半径）、冲角、气动载荷等。⑤牵引力发挥[9]，机车所用的传动形式在产生黏着的过程中起重要作用。交流牵引特性与轮轨接触特性非常吻合。在相似轨面污染的情况下，与用直流电机驱动车轮情况相比，采用交流电机驱动车轮能提高黏着力。因此，交流牵引动力能够在低速情况下产生高黏着，在高速情况下产生的黏着力也高于直流牵引动力。

1.3　轮轨黏着研究方法

　　轮轨界面黏着是一个复杂而多变的瞬态问题，而且很容易受外界条件影响，很难进行精确计算。目前针对轮轨黏着问题的研究主要有试验研究和数值建模仿真研究两种方法。

　　鉴于轮轨界面黏着的复杂性，轮轨黏着试验成为研究黏着特性的主要方法和手段，试验依靠不同类型和尺寸的试验机进行。目前主要试验方法有线路试验、全尺寸轮轨模拟试验、小比例轮轨模拟试验和小尺寸双盘对滚试验。

　　轮轨黏着线路试验一般通过实际运营的列车或专门试验列车在实际线路上开展试验，能真实测量实际运营过程中轮轨界面黏着系数的变化，但线路试验结果是现场综合影响因素的结果，一般获得的轮轨黏着系数变化较大，离散性大，不利于轮轨黏着行为影响的分析与研究，且线路试验由于耗时长、费用高而无法专门开展。日本在开发新型增黏喷砂器和增黏新材料过程中进行了多次线路轮轨增黏试验，为优化提高轮轨黏着行为提供了重要的结果[12]。在日本新干线 951 型试验电车上进行的增黏试验中，洒水时铝磨耗粉末具有较好的残留效果，车辆完全没有发生滑行和空转。而在新干线 961 型试验电车上进行的下雪时的增黏试验中，在轨面上降雪 5cm 条件下使用增黏滑块减少头车第一轴车轮的滑行和空转，但从第二轴以后几乎没有发生滑行和空转现象[13]。

　　全尺寸轮轨模拟试验是在实验室内进行与现场轮轨尺寸相同的轮轨黏着行为

试验,其模拟性好,能 1∶1 地模拟轮轨接触关系,全尺寸轮轨模拟试验一般用来进行动力学性能试验和轮轨黏着试验。1971 年,德国建成世界上第一台机车车辆整车四轴滚振试验台。该试验台主要用于测定机车车辆关键零部件的走行性能和机车车辆高速运行的动态性能,它对德国 ICE 高速列车的研制和发展起到了重要作用。西南交通大学牵引动力国家重点实验室研制了 600km/h 高速车辆滚振试验台,开展了不同运行工况下轮轨黏着试验研究[14,15],利用全尺寸轮轨试验台研究了干态工况下轴重和滚动速度对轮轨黏着特性的影响,不仅得到了完整的黏着力与蠕滑率关系曲线,同时还得到了列车运行速度与轮轨界面黏着系数的变化关系,为认识高速轮轨黏着系数变化规律提供了很好的结果。

　　小比例轮轨模拟试验主要是为了更好地控制研究因素和降低全尺寸轮轨模拟试验所需的高昂成本,根据轮轨实际型面进行比例缩小的系列试验。20 世纪 80 年代,美国伊利诺伊大学 Kumar 等[16]研制了 1∶4.5 IIT-GMEMD 轮轨试验机,用其试验了轮轨的蠕滑和黏着特性,利用此试验机研究了北美典型机车车轮在撒砂工况下的磨损情况,获得了不同撒砂工况下的 Archard 磨损系数。西南交通大学王夏鏊[17]在上述试验机的基础上,成功研制了国内第一台比例 1∶4 的 JD-1 轮轨模拟试验机,该试验机具有单轮轨和双轮双轨模式,能在实验室内模拟任一类型机车车辆车轮作用于任一类型钢轨上的各种工况,该试验机 1992 年获国家科技进步奖三等奖。该轮轨模拟试验机能较好地模拟轮轨界面黏着特性,我们利用此试验机研究了干态、水、油和树叶等介质工况下不同运行参数时的轮轨界面黏着特性[18,19],对认识轮轨界面黏着和损伤行为提供了重要的试验手段。

　　无论全尺寸轮轨模拟试验机,还是小比例轮轨模拟试验机,进行轮轨界面黏着试验研究的成本都相对较高,且试验完成后对轮轨试样损伤分析更大大增加其试样制造成本。因此,研究人员设计开发了各种小尺寸双盘对滚试验机,其试验机主要结构为利用两个小直径滚轮模拟车轮和钢轨试样,电机直接驱动滚轮转动,通过改变转速可准确控制轮轨界面的蠕滑率,模拟轮轨试样按尺寸可直接从现场车轮踏面和钢轨轨头上截取加工而成,根据车轮和钢轨尺寸,试样尺寸直径一般为35~50mm,这也便于轮轨黏着试验后对试样进行相关微观测试分析,方便更换轮轨试样等操作,同时该类小尺寸双盘对滚试验机可精确控制试验参数和接触状态(速度、轴重、蠕滑率、冲角、轮轨材料、润滑剂、摩擦改进剂等)进行单一影响因素的分析,对认识轮轨界面黏着影响因素提供了非常重要的试验手段。Baek 等[20]使用双圆盘模拟轮轨试验机,研究了在水介质工况下的轮轨黏着特性,认为水介质工况下轮轨黏着系数较干态工况下急剧下降。王文健等[21]利用小型滚动磨损试验机研究了水介质和油介质工况下研磨子对轮轨增黏与损伤行为的影响,为认识研磨子的增黏效果与损伤影响提供了很好的结果。Lewis 等[22~24]利用 SUROS 轮轨磨损试验机评价了不同水油混合介质对轮轨黏着的影响,研究了轮轨界面撒砂对电路绝缘性能的影响。Arias-Cuevas 等[25]利用滚动试验机研究了落叶工况下撒砂参数对轮轨黏着行为的影响,为现场轮轨增黏措施优化提供了一定的技术指导。

轮轨界面黏着数值仿真是另一种研究黏着行为的方法,一般主要用于第三介质工况下轮轨黏着特性的研究,如水介质和油介质等。1986 年,Ohyama 等[26]运用弹流润滑理论来解释轮轨间的滚动接触问题,这是将弹流润滑理论应用到轮轨黏着问题研究的最早尝试;他采用油介质工况下解决弹流润滑问题常用的 Barus 压力-黏度方程和 Herrebrugh 积分方程进行求解,然而在将压力-黏度方程应用到水介质工况下时没有进行足够精确的简化。杨翙仁等[27]基于部分弹流理论和平均层流模型,建立了水介质工况下轮轨黏着问题的完全数值研究方法,对水介质工况下轮轨间的接触压力分布进行了分析,从数值仿真角度研究了水介质工况下的轮轨黏着机理。Chen 等[28,29]在弹流润滑理论基础上建立了一个简化的数值模型,研究了速度、表面粗糙度、蠕滑率、接触载荷对轮轨黏着特性的影响。随后,Chen 等[30]又基于部分弹流润滑理论和平均层流模型,建立了三维条件下的轮轨滚动接触数值模型,运用三维数值模型研究了表面粗糙度、速度、轴重等影响因素对轮轨黏着的影响,结果与二维模型所得的结果基本一致,这表明轮轨黏着问题的二维数值模型研究结果也是可靠的。Wu 等[31]基于部分弹流润滑理论,运用 Newton-Raphson 法研究了在油介质工况下的滚动速度、蠕滑率和表面纹理参数对轮轨黏着系数的影响,认为油介质工况下黏着系数的变化规律与水介质工况下基本一致。基于部分膜弹流理论、平均流量模型以及微观固体接触模型,Wu 等[32]建立了高速轮轨黏着三维计算模型,数值仿真过程中克服了数值收敛和计算效率等难题,并进行了试验验证。此外,孙琼等[33]创造性地将微观摩擦学理论和轮轨滚动接触理论相结合,建立了微观轮轨黏着研究模型,从理论上解释了轮轨黏着系数随机车运行速度增加而降低的原因。裴有福[34]采用基于量子力学微观数值计算的方法对轮轨黏着的机理进行了相关研究,他以轮轨黏着与列车运行速度的相关性为出发点,对材料、界面、结构等相关因素对轮轨黏着的影响进行了研究。

本书针对轮轨界面黏着行为与增黏,系统研究各种因素及工况对轮轨界面黏着行为的影响,分析轮轨低黏着的增黏措施,阐明增黏过程中的轮轨材料损伤行为。主要内容包括:①干态工况下轮轨黏着行为,主要包括轮轨黏着-蠕滑曲线,速度、轴重、曲线半径、轮径及新/旧模拟轮、车轮型面、环境温度、坡道条件等对轮轨界面黏着特性的影响;②第三介质工况下轮轨黏着行为,主要研究轮轨界面上常存在的水、油、落叶、防冻液等介质对轮轨界面黏着特性的影响及规律,介绍小比例轮轨几何型面轮轨黏着模拟试验方法及结果;③轮轨黏着数值仿真,主要介绍二维接触模型建立与仿真求解过程,利用模拟试验验证仿真结果的可靠性;④低黏着下轮轨增黏与损伤行为,针对轮轨界面低黏着现象,研究不同增黏措施的增黏行为(轮轨界面撒砂/氧化铝颗粒增黏、研磨子增黏、磁场作用下轮轨增黏),分析增黏过程中的轮轨损伤行为;⑤轮轨黏着系数现场测量与利用控制,介绍目前国内外有关轮轨黏着系数的现场试验测量方法,综述讨论提高轮轨黏着系数的合理利用及控制方法。

参 考 文 献

[1] 中长期铁路网规划-发改基础[2016]1536 号. http://www. sdpc. gov. cn/zcfb/zcfbtz/201607/t20160720_811696. html[2016-09-18].

[2] 翟婉明,金学松,赵永翔. 高速铁路工程中若干典型力学问题. 力学进展,2010,40(4):358—374.

[3] 王文健. 轮轨滚动接触疲劳与磨损耦合关系及预防措施研究[博士学位论文]. 成都:西南交通大学,2008.

[4] 郭俊. 轮轨滚动接触疲劳损伤机理研究[博士学位论文]. 成都:西南交通大学,2006.

[5] 肖乾. 轮轨滚动接触弹塑性分析及疲劳损伤研究[博士学位论文]. 北京:中国铁道科学研究院,2012.

[6] 金学松,张雪珊,张剑,等. 轮轨关系研究中的力学问题. 机械强度,2005,27(4):408—418.

[7] 申鹏. 轮轨黏着特性试验研究[博士学位论文]. 成都:西南交通大学,2012.

[8] 鲍维丰. 关于机车粘着的一些概念及提高机车粘着性能的措施. 内燃机车,1999,29(1):8—14,49.

[9] 张鸿斐. 油介质下轮轨粘着特性研究[硕士学位论文]. 成都:西南交通大学,2011.

[10] 王广凯,李培曙. 浅谈制动粘着系数的定义、影响因素及测试方法. 铁道车辆,2004,42(9):23—25,45,46.

[11] Wang H,Wang W J,Liu Q Y. Numerical and experimental investigation on adhesion characteristic of wheel/rail under the third medium condition. Proceedings of the Institution of Mechanical Engineers,Part J:Journal of Engineering Tribology,2016,230(1):111—118.

[12] 大野薰,林航空. 增粘材料喷射装置(喷砂器). 国外内燃机车,2007,(2):11—14.

[13] 孙福祥(译). 用铝基增粘滑块提高车轮与钢轨间的粘着系数. 国外内燃机车. 1979,(6):39—43.

[14] Jin X S,Zhang W H,Zeng J,et al. Adhesion experiment on a wheel-rail system and its numerical analysis. Proceedings of the Institution of Mechanical Engineers,Part J:Journal of Engineering Tribology,2004,218(4):293—303.

[15] Zhang W H,Chen J Z,Wu X J,et al. Wheel/rail adhesion and analysis by using full scale roller rig. Wear,2002,253(1-2):82—88.

[16] Kumar S,李亚斌. 北美机车在撒砂和不撒砂情况下的轮轨磨损与粘着. 国外内燃机车,1987,(10):10—18.

[17] 王夏鎏. JD-1 轮轨摩擦模拟试验机简介. 铁道学报,1992,14(3):32.

[18] Wang W J,Wang H,Wang H Y,et al. Sub-scale simulation and measurement of railroad wheel/rail adhesion under dry and wet conditions. Wear,2013,302(1-2):1461—1467.

[19] Wang W J,Zhang H F,Wang H Y,et al. Study on the adhesion behavior of wheel/rail un-

der oil, water and sanding conditions. Wear,2011,271(9-10):2693—2698.

[20] Baek K S, Kyogoku K, Nakahara T. An experimental investigation of transient traction characteristics in rolling-sliding wheel/rail contacts under dry-wet conditions. Wear,2007, 263(1-6):169—179.

[21] 王文健,郭火明,刘启跃,等. 水油介质下研磨子对轮轨增黏与损伤影响. 机械工程学报, 2015,51(5):71—75.

[22] Lewis R, Gallardo-Hernandez E A, Hiltont T, et al. Effect of oil and water mixtures on adhesion in the wheel/rail contact. Proceedings of the Institution of Mechanical Engineers, Part F:Journal of Rail and Rapid Transit,2009,223(3):275—283.

[23] Lewis S R, Lewis R, Olofsson U. An alternative method for the assessment of railhead traction. Wear,2011,271(1-2):62—70.

[24] Lewis R, Gallardo E A, Cotter J, et al. The effect of friction modifiers on wheel/rail isolation. Wear,2011,271(1-2):71—77.

[25] Arias-Cuevas O, Li Z, Lewis R, et al. Laboratory investigation of some sanding parameters to improve the adhesion in leaf-contaminated wheel-rail contacts. Proceedings of the Institution of Mechanical Engineers, Part F:Journal of Rail and Rapid Transit,2010,224(3): 139—157.

[26] Ohyama T, Ohya M. Influence of surface characteristics on adhesion force between wheel and rail(Application of EHL theory to water lubrication of steel rolling members and the mechanism of asperity contact through water film). Transactions of the Japan Society of Mechanical Engineers, Part C,1986,52(475):1037—1046.

[27] 杨翙仁,张继业,金学松. 轮轨水介质接触的完全数值分析方法. 铁道学报,1998,20(4): 31—36.

[28] Chen H, Yoshimura A, Ohyama T. Numerical analysis for the influence of water film on adhesion between rail and wheel. Proceedings of the Institution of Mechanical Engineers, Part J:Journal of Engineering Tribology,1998,212(5):359—368.

[29] Chen H, Ban T, Ishida M, et al. Adhesion between rail/wheel under water lubricated contact. Wear,2002,253(1-2):75—81.

[30] Chen H, Ishida M, Nakahara T. Analysis of adhesion under wet conditions for three-dimensional contact considering surface roughness. Wear,2005,258(7-8):1209—1216.

[31] Wu B, Wen Z F, Wang H Y, et al. Numerical Investigations into the effects of oil contamination and surface roughness on wheel-rail adhesion. Journal of Computational &theoretical Nanoscience,2011,4(6):2246—2250.

[32] Wu B, Wen Z F, Wang H Y, et al. Numerical analysis on wheel/rail adhesion under mixed contamination of oil and water with surface roughness. Wear,2014,314(1-2):140—147.

[33] 孙琼,臧其吉,陈泽深. 轮轨粘着问题的微观模型研究. 中国铁道科学,1998,19(2):1—9.

[34] 裴有福. 高速铁路轮轨粘着机理的研究[博士学位论文]. 北京:清华大学,1996.

第2章 干态工况下轮轨黏着行为

列车通常在晴天时运行,因此用干态工况来模拟晴天是比较合适的。当列车的速度为30km/h时轮轨黏着系数约为0.3,当速度增大到200km/h时,轮轨黏着系数仅为0.18,速度对轮轨黏着系数的影响明显[1]。但是有学者通过现场和实验室试验得出的结论是:干态工况下速度对轮轨黏着系数基本没有影响,不同速度时轮轨黏着系数在0.2~0.4范围内无序波动[2,3]。要进行轮轨黏着特性试验,首先必须要有模拟性能良好的试验机,能够精确改变试验参数,以及精确测定不同工况下的轮轨蠕滑率和黏着力。作者团队利用西南交通大学摩擦学研究所研制的JD-1轮轨模拟试验机[4~7],通过改变各个试验参数及试验夹具,研究了干态工况下运行参数对轮轨黏着特性的影响及规律。

2.1 轮轨黏着-蠕滑曲线

蠕滑率是影响轮轨界面黏着的关键因素之一,因此有大量的研究围绕轮轨黏着与蠕滑率开展。研究人员在干态工况下做了大量的实验室试验和现场试验。Nagase[8]采用为试验专门研制的特殊转向架测量主要线路上的轮轨黏着系数,他认为轮轨黏着系数最大值所对应的蠕滑率有一定的离散性,在干态工况下蠕滑率在3%~10%时轮轨黏着系数达到最大。金雪岩等[9]使用比例为1∶4的JD-1轮轨模拟试验机进行了轮轨黏着试验,其蠕滑率与轮轨黏着系数的关系较为离散,认为黏着-蠕滑特性具有一定的固有随机性。Wang等[10]使用JD-1轮轨模拟试验机在中低速干态工况下进行轮轨黏着试验。牵引动力国家重点实验室张卫华等[11]利用全尺寸滚振试验台进行了轮轨黏着试验,受试验机条件所限,干态工况下速度只能增加到70km/h。干态工况下,轮轨黏着系数达到最大时的蠕滑率比水介质和油介质工况时大,且随轴重的降低对应的拐点蠕滑率增大,当轴重为6.7t时,拐点蠕滑率在1.5%左右;当轴重为4.5t时,拐点蠕滑率在2%左右。Matsumoto等[12]使用比例为1∶5的试验机进行轮轨黏着试验,在干态工况下纵向蠕滑率在0.7%时达到饱和,横向蠕滑率在0.4%时达到饱和。Doi等[13]使用小比例的便携式试验机(模拟轮在钢轨上滚动)进行试验,发现干态工况下,随纵向蠕滑率的增加纵向黏着系数呈现上升趋势,纵向黏着系数最大为0.4。Arias-Cuevas等[14]使用小比例双轮对滚磨损试验机进行黏着试验,其拐点蠕滑率出现在2%左右,在2%达到饱和后,如果蠕滑率继续增加,轮轨黏着系数开始出现下降,且有可能引起黏着振动,进而产生波浪形磨损和蠕滑啸叫。

　　图2.1为不同蠕滑率下轮轨黏着系数随模拟轨循环次数的变化曲线。当蠕滑率为0时,即模拟轮轨做纯滚动时,黏着系数很小,其值约为0.02;当蠕滑率在0~1.5%时,黏着力迅速增加,黏着系数也迅速增加。由于振动等因素的影响,试验得出的轮轨黏着系数具有较大的波动。图2.2给出了蠕滑率与黏着系数的关系曲线。随着蠕滑率的变化,轮轨黏着系数呈现先增加而后降低并趋于平稳的变化趋势;蠕滑率在1.5%左右时轮轨黏着系数达到最大(其值约为0.5),随蠕滑率的继续增加黏着系数呈现小幅下降趋势且逐渐趋于稳定。

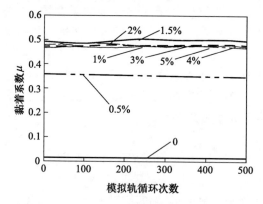

图2.1　不同蠕滑率下轮轨黏着系数变化曲线(v=60km/h,T=21t)

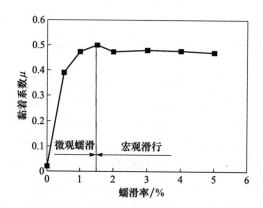

图2.2　干态工况下轮轨黏着-蠕滑曲线(v=60km/h,T=21t)

　　轮轨相互作用区域的相对蠕滑可分为微观蠕滑和宏观滑行。黏着力随蠕滑率增加而增大的区域称为微观蠕滑,而蠕滑率与切线方向的弹性变形有关。车轮与钢轨的弹性变形没有橡胶轮胎那么大,所以微观蠕滑较小。由图2.2可知,蠕滑率为1.5%时,黏着力就已达到饱和并趋于库仑摩擦极限。当蠕滑率继续增加时,轮轨相互作用区域发生完全蠕滑,即宏观滑行[15]。

在轮轨接触条件下,当发生微观蠕滑时,轮轨接触斑内可分为蠕滑区和黏着区(见图 2.3)。接触斑内空白处为黏着区,有三角处为蠕滑区。在黏着区内,可利用黏着系数 μ_0,黏着区切向应力 $\tau_0 = \mu_0\sigma_0$,在蠕滑区内,可完全利用静摩擦系数 $\mu_{静}$,蠕滑区内切向应力 $\tau_1 = \mu_{静}\sigma_1(\mu_0 < \mu_{静})$。当蠕滑率为 0 时,全部为黏着区。当蠕滑率增加时,黏着区减小,蠕滑区增大。随蠕滑率增加,接触区内的黏着力增加,黏着系数也随之增加。当蠕滑率为 1.5% 时,接触区内全部为蠕滑区,黏着力达到最大。

随蠕滑率继续增加发生宏观滑行,轮轨接触斑内全部为宏观滑行区,可完全利用动摩擦系数 $\mu_{动}(\mu_{动} < \mu_{静})$,因此当发生宏观滑行时轮轨黏着力略小于微观蠕滑时全部为滑行区时的黏着力。

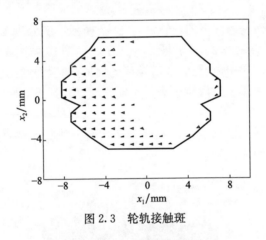

图 2.3　轮轨接触斑

2.2　速度对轮轨黏着影响

车辆运行速度对轮轨黏着的影响一直是轮轨摩擦学领域研究的重点和难点,国内外许多研究机构都对此进行过广泛的验证试验,但所得结论不一。法国国家铁路在线路上进行的轮轨黏着特性试验研究中认为,在干态工况下当列车速度为 30km/h 时轮轨黏着系数约为 0.3,当速度增大到 200km/h 时,黏着系数为 0.18,速度对轮轨黏着系数的影响明显[1]。而在日本新干线上的试验结果中,干态工况下速度对黏着的影响很小,当速度小于 300km/h 时黏着系数呈无规律变化,在 0.2~0.4 范围内无序波动[3]。中国铁道科学研究院的陈厚嫦等[16]探究了速度对轮轨黏着特性的影响,认为在列车运行稳定状态下速度对轮轨黏着系数的影响甚微。Ohyama[17,18]同样发现干态工况下速度对轮轨黏着系数的影响不大,继续加入少量石蜡就会导致黏着系数的迅速下降,在加入石蜡的情况下可以忽略速度对轮轨黏着系数的影响。在其他相关学者开展的全尺寸试验[19]和现场试验[20]研究中,水介质工况下轮轨黏着系数随速度的增加而呈轻微的下降趋势;油介质工况下速度对轮轨黏着系数几乎没有影响,且轮轨黏着系数始终保持在一个很低的水平。

　　持黏着系数随速度上升而减小观点的学者通常认为,速度的增加势必引起轮轨接触区域温度的上升,而温度的上升势必引起接触区内材料和力学特性的改变,从而导致黏着系数的下降[21]。此外,也有学者认为速度增加导致的黏降现象可能是由随速度的提高列车的横向及垂向振动增加[22,23],车轮与钢轨之间产生较大动载荷所导致的。在黏着量减少的瞬间,轮轨实际所能传递的牵引力降低,从而导致黏着系数下降。Wang 等[10]利用 JD-1 轮轨模拟试验机开展了干态工况下速度对轮轨黏着系数的影响研究,认为轮轨黏着系数会受到试验速度的直接影响,随速度的增加呈下降趋势。

　　试验模拟 21t 轴重条件下的轮轨黏着行为,模拟速度分别为 60km/h、90km/h 和 120km/h,试验结果如图 2.4 和图 2.5 所示。从图 2.4 中同一蠕滑率下不同速度的轮轨黏着系数对比可以看出,随着速度的增加,轮轨间的黏着系数呈明显的下降趋势。图 2.5 为在多个蠕滑率下进行不同速度对比试验后所得到的不同速度下的轮轨黏着-蠕滑曲线。从图 2.5 中可以看出,除 5% 的蠕滑率外,其他蠕滑率下所得到的黏着系数的平均值均表现出随速度增加而下降的趋势,但黏滑曲线的整体变化规律未表现出明显差异。

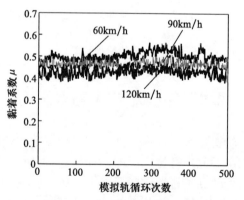

图 2.4　不同速度下轮轨黏着系数变化曲线($T=21t$)

　　按照摩擦学中的弹性接触机理来看,摩擦副间输入的机械能可以通过摩擦副表面材料的弹性变形保存起来,而抗剪强度 τ_{max} 为使材料刚好出现塑性变形时的极限应力。因此可以将轮轨黏着的计算模型简化为轮轨接触区中可承受的最大剪切应力 τ_{max} 与法向应力 σ_N 的比值,即

$$\mu = \frac{\tau_{max}}{\sigma_N}$$

（2.1）

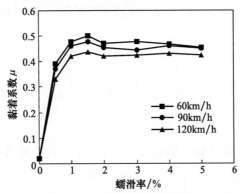

图 2.5　不同速度下轮轨黏着-蠕滑曲线($T=21\text{t}$)

考虑材料塑性变形的应力-应变曲线如图 2.6 所示[24]。其中对摩擦系数计算模型中起到决定作用的量为材料的屈服极限 σ_s，它直接决定了轮轨表面可以传递的最大切向力 τ_max：

$$\tau_\text{max} = \frac{\sigma_\text{s}}{2} \tag{2.2}$$

因此，由式(2.1)和式(2.2)可得

$$\mu = \frac{\sigma_\text{s}}{2\sigma_N} \tag{2.3}$$

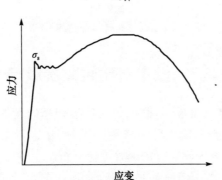

图 2.6　塑性材料应力-应变曲线[24]

在轮轨滚动接触过程中，大量的机械能通过摩擦表面间的摩擦作用而转变为热能。受摩擦热的累积作用，接触区内材料中大量剩余原子被激发，导致晶格中结合力变小，从而材料的屈服极限等特性会随之发生改变。车轮和钢轨的弹性模量 E、屈服极限 σ_s 与温度之间的关系如图 2.7 所示[24]。开始阶段弹性模量、屈服强度受温度影响很小，但是到最后弹性模量、屈服强度受温度影响就比较大。对于摩擦系数计算模型，可用式(2.4)来表示 E 与温度之间的关系：

$$E(\theta) = E_0 - \alpha_E\theta \tag{2.4}$$

式中,E_0 为室温时的值;α_E 为弹性模量 E 关于温度 θ 的梯度。故可以建立类似 $\sigma_s(\theta)$ 的模型:

$$\sigma_s(\theta) = \sigma_{s0} - \alpha_\sigma \theta \qquad (2.5)$$

式中,σ_{s0} 为室温时材料的屈服极限;α_σ 为屈服弹度 σ 关于温度 θ 的梯度。将式(2.5)代入式(2.3)可得出使用变化的材料特性值来修正黏着系数的模型[24,25]:

$$\mu(\theta) = \frac{\sigma_{s0} - \alpha_\sigma \theta}{2\sigma_N(\theta)} \qquad (2.6)$$

当速度增加时,轮轨接触区的温度增加,通过该数值模型可知,轮轨黏着系数将随之减小。

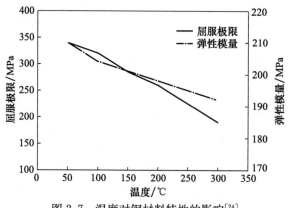

图 2.7　温度对钢材料特性的影响[24]

2.3　轴重对轮轨黏着影响

随着铁路货运的高速发展,重载已成为货运列车的发展趋势。重载会导致机车轴重的增加,对机车牵引能力的需求更高,因此在进行重载机车的动力学研究中,必须将轴重作为影响轮轨黏着的因素进行分析。

轴重对轮轨黏着水平具有一定的影响,尤其在重载工况下车轮与钢轨之间动能的传递过程将会更为复杂。以往在对轴重的研究中,大多数研究人员研究认为:轴重的增加会使轮轨黏着系数呈略微下降的趋势[26,27]。然而,Ohyama[17,18]在其早期研究中得到了不同的结论,他认为轴重对黏着系数的影响受轮轨表面粗糙度的影响较大,当轮轨表面粗糙度很小时黏着系数会随着垂向压力的增加而增大。

在目前的理论研究中,水、油等介质工况下轴重对黏着系数的影响基本都可以利用弹流润滑理论通过分析轴重对接触区内润滑膜厚的影响来分析其对黏着系数的影响,以往的试验结果也都验证了这类分析的合理性。但在干态工况下,目前还缺少足够的理论来详细阐明轴重对轮轨黏着影响的机理,而以往干态工况下轴重对轮轨黏着系数影响的研究大多是在小比例试验机上获得的结果。受试样尺寸的限制,小比例模拟试验的接触应力分布往往与现场轮轨间的接触应力分布存在较大差异,而研究轴重这一影响因素时最值得考虑的首先便是轮轨接触区的应力分布,因此在研究轴重这一影响因素时,仅从小比例模拟试验所得到的结果还不能得出确切的结论。

在对轴重这一影响因素的研究中,我们主要采用1:4.5的大比例轮轨模拟试验机进行试验。试验中通过施加不同的垂向载荷来分别模拟17t、21t和25t的轴重,代表了国内高铁、普通机车和重载机车这三类机车的轴重条件,试验结果如图2.8和图2.9所示。从图2.8中可以看出,在17t工况下的轮轨间的黏着系数可以达到0.65左右,而当轴重增加到21t和25t时,轮轨间的黏着系数分别稳定在0.50和0.45左右,表现出随轴重增加而下降的规律。与2.2节对速度影响的研究相似,我们同样分别对不同蠕滑率下轴重对黏着系数的影响进行了系统研究,通过对各组试验结果求平均值的方法绘制了不同轴重条件下的轮轨黏着-蠕滑曲线,如图2.9所示。从图2.9中可以看出,各蠕滑率下的轮轨黏着系数均表现为随轴重增加呈减小的趋势,但整体黏着-蠕滑曲线的变化规律无明显差异。

我们认为此现象可以由粗糙表面间的接触理论进行解释,由于轮轨表面并非光滑的表面,而是有大量的微凸体存在,轮轨表面实际的接触仅发生在微凸体之间,如图2.10所示。轮轨间的黏着力是由微凸体之间发生切向位移时产生的弹性或塑性变形而产生的。轴重增加不仅使接触斑增大,而且会使实际接触面增加,会使更多的微凸体发生接触,因此黏着力也会增加。但根据Hertz接触理论来看,轮轨间接触面积增大的速度要远小于轴重的增加速度,因此整体黏着力的增加幅度要小于轴重增加幅度,轴重增加时,黏着系数反而会呈下降趋势。但值得注意的是,增加轴重虽然会使轮轨间黏着系数下降,轮轨间的黏着力却是呈增大趋势的。从整体看,提高轴重对机车牵引力的提高及充分发挥机车电机牵引功率是有利的。

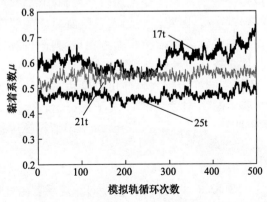

图 2.8 不同轴重下轮轨黏着系数变化曲线(v=120km/h,λ=1%)

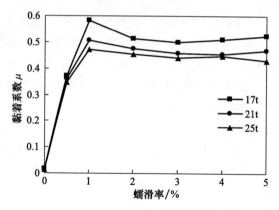

图 2.9　不同轴重下轮轨黏着-蠕滑曲线(v=60km/h)

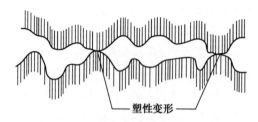

图 2.10　接触斑处的实际接触面积

2.4　曲线半径对轮轨黏着影响

　　由于列车在曲线上运行时,轮对在运行方向上和轨道曲线切线方向形成夹角,工程上称为冲角,冲角的存在会使轮对在钢轨上产生横向蠕滑以及轮对摇头,由于车轮与钢轨之间可以传递的蠕滑力会受到轮轨黏着作用的限制,造成曲线区段黏着系数下降(俗称黏降)[28~30]。因此最大黏着系数所对应的蠕滑率会随着线路曲率的增大而增加。由于曲线轨道的结构和受力特点,列车行驶在曲线路段上时车轮的磨损与疲劳损伤比直线更为严重[31,32]。

　　曲线半径越小,轮轨之间冲角越大。冲角对轮轨黏着的影响反映了轨道曲线半径对轮轨黏着的影响。图 2.11 为干态工况下模拟轮轨运行于不同冲角所测得的轮轨纵向黏着-蠕滑曲线。图 2.12 为干态工况下模拟轮轨运行于不同冲角所测得的轮轨横向黏着-蠕滑曲线。

　　由图 2.11 可知,蠕滑率增大,纵向黏着系数随之增大;冲角增大,纵向黏着系数随之减小。冲角为 0.2°、0.3°、0.4°时,轮轨纵向黏着系数比直线工况(冲角为 0)时分别下降约 11%、20%、28%。由图 2.12 可知,随着蠕滑率增加,横向黏着系

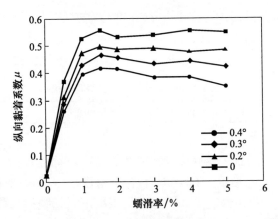

图 2.11　不同冲角下轮轨纵向黏着-蠕滑曲线($v=60\text{km/h}, T=21\text{t}$)

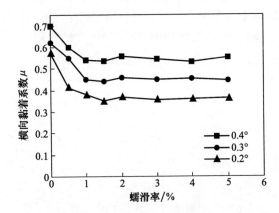

图 2.12　不同冲角下轮轨横向黏着-蠕滑曲线($v=60\text{km/h}, T=21\text{t}$)

数出现下滑。冲角为 0.3°、0.4°时,轮轨间的横向黏着系数比冲角为 0.2°时分别增加约 23%、52%。其主要原因是在曲线地段轮轨除产生纵向黏着和蠕滑外,还将产生横向黏着和蠕滑(模拟不考虑自旋蠕滑)。当轮轨间总的黏着力处于饱和状态时,冲角增大,导致轮轨间横向力增大,则纵向牵引力下降,纵向黏着系数也会下降。纵向牵引力的下降将使列车的使用功率下降,而横向力增加会导致轮轨磨损加重。

2.5　轮径及新/旧轮对轮轨黏着影响

　　轮轨黏着直接发生在轮轨接触所产生的椭圆形接触斑上,在相同轴重下,接触斑大小、长短轴之比等都直接受车轮直径的影响,因此轮径对轮轨黏着存在一定的影响。目前我国轨道交通中,电力机车、内燃机车、动车组等不同制式的列车采用的轮径标准不同,如表 2.1 所示。Kumagai 等[33]研究认为:当车轮载荷为 100kN,车轮半径为 400mm 时,黏着系数按 Kalker 公式计算为 0.3 左右,当车轮半径为 600mm 时,黏着系数为 0.34。这表明轮径增大 50%,黏着系数相对增加 13.5%。

表 2.1 我国轨道交通中各轮径标准

类型	电力机车	内燃机车	动车组	客车	货车/地铁
轮径/mm	1250	1050	860/790	915	840

金雪岩等[34]利用 JD-1 轮轨模拟试验机开展了不同轮径的模拟试验,模拟内燃机车(轮径:1050mm,轴重:23t)和电力机车(轮径:1250mm,轴重:23t)锥形踏面车轮运行于 60kg/m 直线钢轨上。干态牵引工况下,轮轨黏着系数随蠕滑率的变化曲线如图 2.13 所示。可以看出,电力机车比内燃机车的黏着-蠕滑曲线有所上升,其极限黏着系数比内燃机车的增加约 4%。这说明在轴重相同的情况下,增大机车轮径有利于提高列车的牵引力[34]。大轮径黏着系数比小轮径黏着系数大,因为轮径大则轮轨接触面积大,在相同蠕滑率下,能传递较大切向力[34,35]。

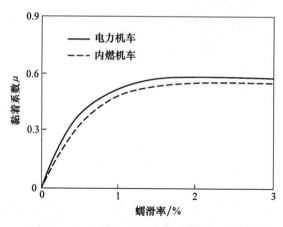

图 2.13　不同轮径下轮轨黏着-蠕滑曲线[34]

新轮与旧轮对轮轨黏着系数的影响同样是由于轮轨接触斑的大小和形状不同。由于轮轨的几何型面及接触方式,新加工的轮轨摩擦副属于点接触,而随运行过程中磨耗的产生,轮轨圆弧顶面逐渐被磨平,因此轮轨间的接触斑大小和形状均会发生改变。在以往的试验研究中发现,模拟轮轨经过一段时间的磨耗,其接触斑会由开始的椭圆形逐渐转变为矩形,接触斑面积也会出现大幅的增加。

图 2.14 为利用新/旧模拟轮进行轮轨黏着模拟试验所测得的黏着系数。所用的旧模拟轮是在试验机上进行 20000 次滚动后得到的试验轮。从图 2.14 中可以看出,在各试验参数相同的条件下,旧模拟轮产生的黏着系数要略大于新模拟轮的黏着系数。图 2.15 为利用新/旧模拟轮所测得的轮轨黏着-蠕滑曲线,可以看出

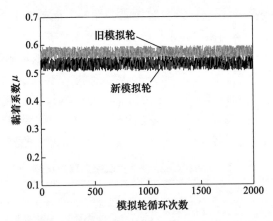

图 2.14　新/旧模拟轮的轮轨黏着系数变化曲线(v=60km/h,T=21t,λ=1.5%)

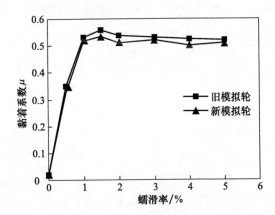

图 2.15　新/旧模拟轮的轮轨黏着-蠕滑曲线(v=60km/h,T=21t)

所有蠕滑率下旧模拟轮的黏着系数均大于新模拟轮。

在黏着系数线性增加的阶段,黏着系数对应的无量纲横坐标与接触界面的蠕滑率和接触斑的面积均呈正比例关系,因此具有更大接触斑面积的旧轮有助于增加轮轨间的黏着水平。目前,国内列车大量采用磨耗型车轮踏面代替传统的锥形踏面,也是因为在相同蠕滑率工况下,磨耗型车轮可比锥形车轮获得更高的黏着系数,且对钢轨的磨损及损伤小于锥形车轮。

2.6　车轮型面对轮轨黏着影响

我国车轮踏面可以分为两大类:锥形踏面和磨耗型踏面。车轮踏面的几何尺寸同样对轮轨滚动接触斑行为具有重要影响。如果轮轨型面匹配性能差,则可能导致车辆振动加剧,引起轮轨损伤。轮轨型面匹配关系对于机车车辆的蛇行运动稳定性、曲线通过性能、轮轨磨耗以及脱轨安全性等方面都有重要影响[36]。

表 2.2 列出了一些不同型面和轮径的机车车辆在轴重为 $2W_0$ 的情况下 Hertz 接触计算结果[37]。从表 2.2 中可以看出,不同轮径、型面产生的接触斑大小和接触区最大接触压力值均有所不同。由 2.5 节可知,轮轨接触中更大的接触面积意味着在相同条件下能够产生更高的黏着水平。电力机车与内燃机车相比(见表 2.2),轮径的增加使接触斑面积增大约 5.5%,而磨耗型踏面与锥形踏面相比能够使轮轨间接触斑的面积增加约 36%,因此与轮径相似,不同轮轨型面会对黏着特性产生影响。

表 2.2　Hertz 接触条件下轮轨接触应力状态[37]

	序号	1	2	3	4	5	6	7	8
基本参数	机车类型	东风 4 内燃机	韶山 1 电力机	东风 4 内燃机	韶山 1 电力机	货车	客车	货车	机车
	轮重 W_0/N	1.13×10^5	1.13×10^5	1.13×10^5	1.13×10^5	1.13×10^5	8.83×10^4	1.03×10^5	8.83×10^4
	轮径/m	1.05	1.25	1.05	1.25	0.84	0.915	0.84	0.915
	踏面类型	锥形踏面	锥形踏面	JMI 磨耗型踏面	JMI 磨耗型踏面	锥形踏面	锥形踏面	LM 磨耗型踏面	LM 磨耗型踏面
椭圆接触斑几何参数	a/mm	8.09	8.80	8.83	8.59	7.03	6.97	8.86	8.31
	b/mm	5.57	5.40	6.96	7.60	5.62	5.26	6.02	5.97
	a 的方位	纵向	纵向	横向	横向	纵向	纵向	横向	横向
	P_0/GPa	1.20	1.14	0.878	0.827	1.24	1.15	0.923	0.849

目前,我国高速铁路铺设钢轨为国产 60kg/m 钢轨,车轮型面有 LM、LMA 型国产车轮踏面、欧洲 S1002 型高速车轮踏面以及法国国家铁路使用的 XP55 型高速车轮踏面,四种型面对比如图 2.16 所示。

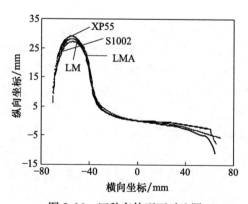

图 2.16　四种车轮型面对比图

图 2.17 给出了四种车轮踏面与我国 CHN60 钢轨匹配时接触斑的总面积。从图 2.17 中可以看出,车轮型面对轮轨接触斑面积具有较大影响。对左接触斑,

随横向位移量的增加,四种车轮踏面的接触斑面积先缓慢增加然后减小;LMA 型面的左接触斑面积较大且变化较为平稳,LM 型面的左接触斑面积最小。对于右接触斑,随横向位移量变化接触斑面积变化平稳,但 LM 型面右接触斑面积先增加后减小,这主要是由于 LM 型面的曲率变化较大。轮轨接触斑面积与接触应力是密切相关的。

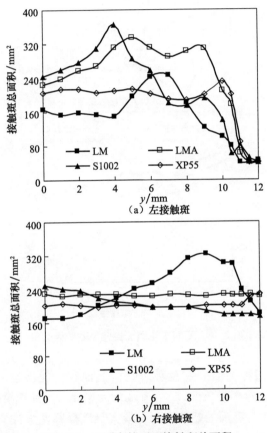

图 2.17　不同车轮型面接触斑总面积

　　轮轨接触斑分为黏着区和蠕滑区,铁路运输中机车牵引力是通过轮轨承载的滚动接触界面上的黏着与滑动来传递的,因此轮轨接触斑的黏滑区分布特性将影响机车的牵引和制动性能[36]。从图 2.18 中可看出,对左接触斑,随横移量增加,LMA 和 S1002 型面的黏着区面积先增加然后减小,随横移量的变化 LMA 的变化较为缓慢,且黏着区面积较大,XP55 型面黏着区面积随横移量增加而减小,LM 型面黏着区面积在横移量大于 2mm 时为零,即此时接触斑处于完全蠕滑区。对于右接触斑,随横移量增加,四种型面的黏着区面积均减小,S1002 型面的黏着区面积最大,LM 型面的黏着区面积最小,LMA 和 XP55 型面的黏着区面积居中。

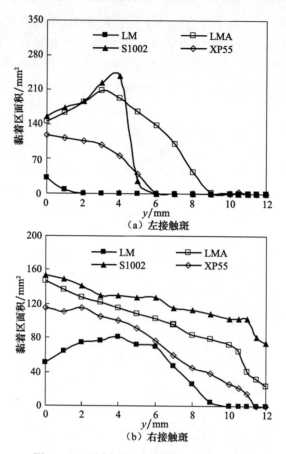

图 2.18　不同车轮型面接触斑黏着区面积

　　随横移量增加四种型面的左接触斑蠕滑区面积变化波动较大(见图 2.19)，LM 型面的值在横移量小于 7mm 时最大，LMA 型面对应的蠕滑区面积最小，横移量超过 8mm 时，LMA 型面的蠕滑区面积最大且随横移量增加急剧减小。对于右接触斑，随横移量增加，四种型面的蠕滑区面积均呈现增大趋势，其中 LM 型面的蠕滑区面积最大，S1002 型面的蠕滑区面积最小，LAM 和 XP55 型面的蠕滑区面积居中且相差不大。

　　图 2.20 给出了不同车轮型面的接触斑蠕滑区与总面积比值。对于左接触斑，随横移量增加，LM 型面的变化为先增加然后不变，此时接触斑为完全蠕滑区，无黏着区存在，即接触斑达到饱和；其他三种型面也表现为先增加，然后达到接触斑的饱和，其比值保持不变，四种型面之间的差别在于达到饱和时所对应的横移量明显不同。对右接触斑，随着横移量增加，蠕滑区比值呈现增大趋势，LM 型面在横移量超过 10mm 时达到饱和状态，其他型面此时均没有达到饱和状态，四种型面中

S1002 变化平稳,这说明此种型面右接触斑的蠕滑区随横移量增加变化不明显。

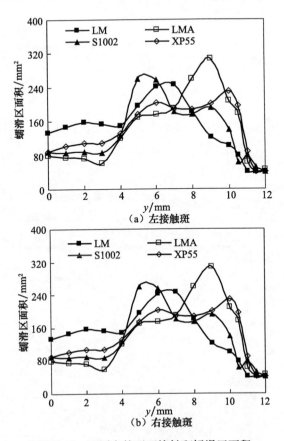

图 2.19　不同车轮型面接触斑蠕滑区面积

　　图 2.21 为不同车轮型面左接触斑的黏滑区分布图(箭头代表滑动方向,横移量为 0)。当横移量为零时,四种型面的接触斑形状不尽相同,接触斑面积也不相同(见图 2.17)。XP55 型面的接触斑形状呈扁长型,其他三种型面形状相似。四种接触斑中黏着区(空白代表黏着区)大小不相同,其中 LM 型面最小。同时发现,蠕滑区的滑动方向分布不相同,LMA 和 S1002 型面蠕滑区的滑动方向与运行方向基本一致,这将有利于轮轨滚动运行,而 LM 和 XP55 型面的滑动方向明显与运行方向不一致。

　　上述分析表明,四种型面与我国 CHN60 钢轨匹配时的黏滑特性存在显著差异,这是因为 S1002 和 XP55 型面为国外引进的高速车轮型面,LM 和 LMA 为国产车轮型面,它们并非为与 CHN60 钢轨匹配而设计[36]。因此,为了适应我国高速列车的运行,需进一步设计合理的轮轨匹配型面,从而获得更合理的轮轨黏着水平。

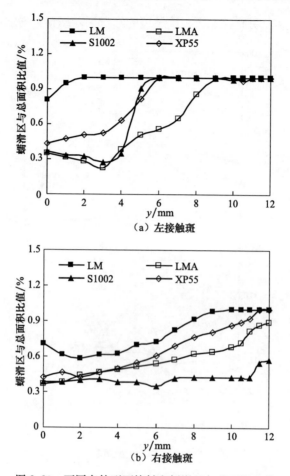

（a）左接触斑

（b）右接触斑

图 2.20　不同车轮型面接触斑蠕滑区与总面积比值

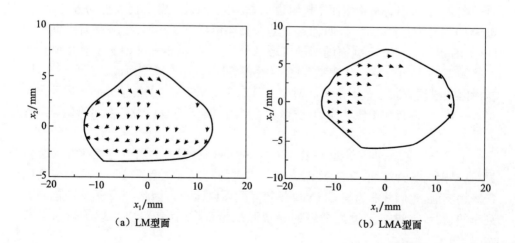

（a）LM型面　　　　　　　　　　　　　（b）LMA型面

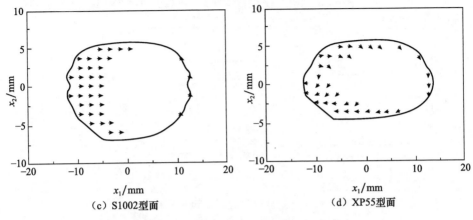

（c）S1002型面　　　　　　　　　　　　　　（d）XP55型面

图 2.21　不同车轮型面左接触斑黏滑区分布

2.7　低温环境下轮轨黏着行为

　　环境对暴露在自然界的铁路轮轨系统会造成一定的影响,其中低温气候经常出现,这就迫使轮轨在极端温度环境条件下服役。北方大部分铁路在行驶过程中都要受到极端低温气候的影响,如全长 1956km 的青藏铁路经过的地区年最低平均气温−5.2℃,最低可达−45℃[38,39]。基于我国寒冷地区的铁路在钢轨断裂方面的问题比较严峻,如青藏铁路、哈大高速铁路在低温环境中,钢轨和焊缝极易发生脆性断裂[40],王元清等[40,41]及张银花等[42]针对钢轨材料进行了低温环境的使用性能试验研究,并取得了一定成果。国外研究学者主要侧重于材料热处理性能[43]及轮轨接触热效应模型研究[44],针对轮轨材料在低温环境下的轮轨黏着、磨损及损伤性能的研究尚未开展。低温会导致钢材的韧性、强度、屈服极限等材料特性劣化,影响轮轨接触区可传递最大切向力的大小,进而影响轮轨黏着系数的大小。我国近半的铁路里程有在低温环境下服役的过程,因此研究低温环境下的轮轨摩擦学特性,对于复杂环境下列车的安全和高效运行具有重要意义。

　　图 2.22 为西南交通大学摩擦学研究所研制的低温环境轮轨滚动磨损试验机。该试验机由计算机控制及数据采集系统(A)、轮轨滚动磨损试验装置(B)、低温制冷装置(C)和 PLC 温控系统(D)四部分组成。轮轨滚动磨损试验装置(B)为双轮对滚磨损试验机,下试样(钢轨试样)(6)与上试样(车轮试样)(7)分别固定在轴(4、11)上,通过伺服电机(2)和传动皮带(3)等传动装置实现不同转速、不同蠕滑率的对滚。试验中法向力和摩擦力分别通过载荷传感器(10)、扭矩传感器(5)进行数据采集并传输到计算机控制及数据采集系统(A)进行动态显示、保存和处理。

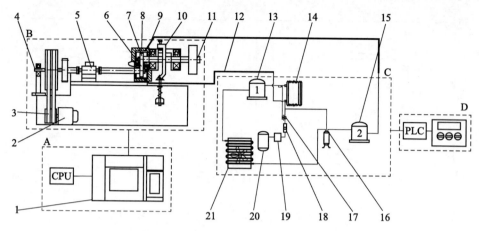

图 2.22　低温环境轮轨滚动磨损试验机

1. 试验机控制系统；2. 伺服电机；3. 传动皮带；4. 下试样传动轴；5. 扭矩传感器；6. 下试样；7. 上试样；8. 低温腔体；9. 低温上腔体铜管；10. 载荷传感器；11. 上试样传动轴；12. 低温下腔体铜管；13. 一级制冷压缩机；14. 换热器；15. 二级制冷压缩机；16. 油分离器；17. 制冷膨胀阀；18. 管道液体指示镜；19. 干燥过滤器；20. 制冷剂储存箱；21. 制冷蒸发器

　　低温制冷装置(C)通过低温腔体(8)、低温上腔体铜管(9)、低温下腔体铜管(12)与轮轨滚动磨损试验装置(B)连接起来，进行低温环境的模拟。低温腔体(8)由铜合金铸成的上、下两个联通的半圆形双层腔体组成，分别固定在车轮及钢轨旋转轴机座上，制冷剂可顺利流过两个腔体内壁实现制冷降温，同时上下腔体采用非封闭式结构，使得车轮及钢轨试样在两个腔体间可正常接触运转。低温制冷装置(C)依据空调制冷系统原理进行改进，通过采用双制冷压缩机连接钎板式换热器(14)、制冷蒸发器(21)、油分离器(16)等制冷元件的制冷形式，使腔体内温度达到所设定的低温值，在 PLC 温控系统(D)的设定及反馈控制下，实现低温腔体内温度在−60～0℃范围内的无级调控。

　　我们利用低温环境轮轨滚动磨损试验机对低温下轮轨的黏着特性进行了试验研究，探究了低温对轮轨材料磨损与损伤性能的影响。试验分别在常温、−20℃和−60℃三个温度下进行。从图 2.23 可看出，低温环境下黏着系数较室温下有较明显的升高，且温度越低黏着系数越高。测量发现，低温环境伴随有湿度降低的现象，室温环境下湿度在 65% 左右，而低温时腔内湿度降至约 40%。随湿度的降低，轮轨间氧化反应大大减弱，这可能也是导致黏着系数上升的一个重要因素。

　　图 2.24 为室温及−60℃温度下轮轨试样磨损量。从图 2.24 中可以看出，−60℃温度下轮轨试样的磨损量之和远高于室温条件；另外，−60℃温度下的轮轨试样的磨损量均高于室温条件。低温下磨损量较室温下明显增大，这与上述低温下黏着系数较室温下升高的试验结果相吻合。当然，目前只是初步进行了低温环境

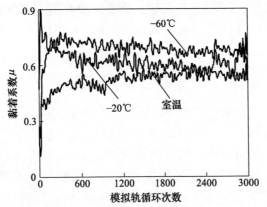

图 2.23　不同温度下轮轨黏着系数变化曲线($v=300r/min, T=16t, \lambda=2.38\%$)

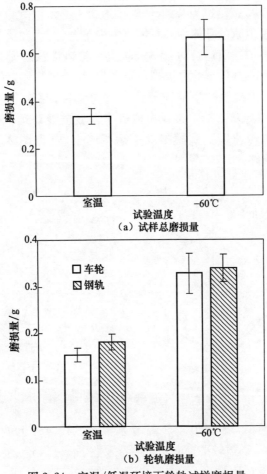

（a）试样总磨损量

（b）轮轨磨损量

图 2.24　室温/低温环境下轮轨试样磨损量

下轮轨滚动磨损试验,将来需进行系统的低温服役环境下轮轨黏着与损伤特性研究,为我国高寒铁路轮轨的安全可靠运行提供技术指导。

2.8　坡道条件对轮轨黏着影响

坡道问题是长期以来铁路建设以及运营中颇为困扰的问题[45~47],随着现代技术的应用,包括隧道、高架桥的采用以及新型、大功率机车的使用,一些问题得到解决或缓解。但是由于我国的国情及地貌限制,大部分坡道线路仍处于饱和运营的状态,部分坡道问题仍然影响铁路运输的安全与效率[48~50]。坡道工况下的轮轨黏着特性基本上作为平直道工况下轮轨黏着特性的一个分支[51,52],并未进行深入有针对性的研究,因此进行坡道工况下的轮轨黏着试验具有现实意义和科学研究价值。

以 JD-1 轮轨模拟试验机为基础,研制了坡道工况模拟试验夹具。在平直轨道模拟时,模拟轮和模拟轨的几何中心在铅直方向重合,同时和接触点位置也在同一铅直线上;列车在坡道线路运行时,车体、轨道和轮轨接触区形成的连线相对铅直方向所成的夹角等于坡度,因此在模拟坡道条件时,模拟轮相对模拟轨偏移一个角度 θ,使模拟轮相对模拟轨产生横向偏移和垂向偏移,两轮中心及接触中心与铅直方向成角度为 θ 的偏转,轮轨接触模拟机车在坡道线路运行的状态,通过调节模拟轮及模拟轨的转速以达到模拟坡道运行的上坡[见图 2.25(a)]和下坡[见图 2.25(b)]试验条件。

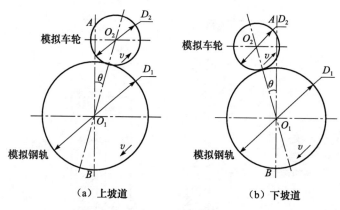

（a）上坡道　　　　　　　　　（b）下坡道

图 2.25　坡道模拟原理图

由图 2.26(a)可知,平直道轮轨黏着系数约为 0.45,上坡道黏着系数约为 0.27,上坡道轮轨黏着系数较平直道轮轨黏着系数下降了 46%,下降幅度非常明显。与图 2.26(b)进一步对比发现,下坡道也存在类似的变化规律。干态工况下上下坡道轮轨黏着系数变化曲线波动较大,这与试验过程中伴随着剧烈的振动相对应。

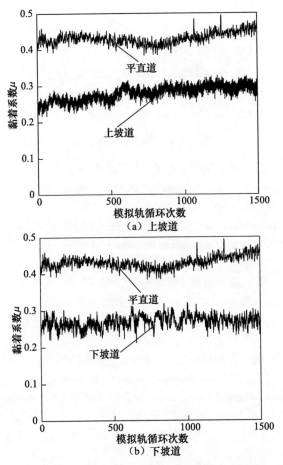

图 2.26　不同坡道下轮轨黏着系数变化曲线

　　通过分析上坡道受力可知(见图 2.27),在坡道上与在平直道上相比,机车受力情况主要区别为:①平行于轨道方向的纵向力中,需考虑机车重力的分量 G_P,即所谓的坡道附加阻力,其大小可表示为 $G_P = G\sin\theta$。②机车重力在垂直于轨道方向的分量 G_V,即黏着重量,其大小可表示为 $G_V = G\cos\theta$。对比平直道和上坡道工况,虽然机车的轴重一致,但是在上坡道工况下黏着重量小于平直道工况下的黏着重量,因此上坡道工况下的黏着系数小于平直道工况下的数值。另外,由于机车的受力情况发生改变,机车轴重分布不均匀,轴重发生转移,伴随列车运行过程中的振动及蛇形作用加剧,会使轮轨黏着系数下降。特别是内燃机车由于燃油的晃动,轴重转移严重不均匀,黏着系数下降尤其显著[53]。

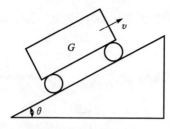

图 2.27　上坡道示意图

参 考 文 献

[1]　陈泽深. 轮轨间粘着机理的再认识. 铁道机车车辆, 1995, (1): 19—26.

[2]　Pritchard C. Brakes and wheel/rail adhesion // Interational Conference Railway Braking, New York, 1979: 19—27.

[3]　Ohyama T. Fundamental adhesion phenomena between wheel and rail at high speeds-some experiments with a high speed rolling test machine under water. Railway Technical Research Institute Quarterly Reports, 1985, 26(4): 135—140.

[4]　申鹏. 轮轨黏着特性试验研究[博士学位论文]. 成都: 西南交通大学, 2012.

[5]　王夏鳌. JD-1 轮轨摩擦模拟试验机简介. 铁道学报, 1992, 14(3): 32.

[6]　申鹏, 王文健, 张鸿斐, 等. 撒砂对轮轨粘着特性的影响. 机械工程学报, 2010, 46(16): 74—78.

[7]　申鹏, 宋建华, 李自彬, 等. 轮轨黏着特性试验研究. 润滑与密封, 2009, 34(7): 10—13.

[8]　Nagase K. A study of adhesion between the rails and running wheels on main lines: results of investigations by slipping adhesion test bogie. Proceedings of the Institution of Mechanical Engineers, Part F: Journal of Rail and Rapid Transit, 1989, 203(1): 33—43.

[9]　金雪岩, 王夏秋. 直线工况轴重对轮轨磨损影响的试验研究. 西南交通大学学报, 2001, 36(3): 264—267.

[10]　Wang W J, Shen P, Song J H, et al. Experimental study on adhesion behavior of wheel/rail under dry and water conditions. Wear, 2011, 271(9-10): 2699—2705.

[11]　张卫华, 周文祥, 陈良麒, 等. 高速轮轨粘着机理试验研究. 铁道学报, 2000, 22(2): 20—25.

[12]　Matsumoto A, Sato Y, Ono H, et al. Creep force characteristics between rail and wheel on scaled model. Wear, 2002, 253(1-2): 199—203.

[13]　Doi H, Miyamoto T, Nishiyama Y, et al. A new experimental device to investigate creep forces between wheel and rail. Wear, 2011, 271(1-2): 40—46.

[14]　Arias-Cuevas O, Li Z, Lewis R, et al. Rolling-sliding laboratory tests of friction modifiers in dry and wet wheel-rail contacts. Wear, 2010, 268(3-4): 543—551.

[15]　申鹏, 宋健华, 王海洋, 等. 环境条件对轮轨黏着特性影响的试验研究. 铁道学报. 2011, 33(5): 26—30.

[16]　陈厚嫦, 臧其吉, 陈泽深. 高速铁路列车轮轨粘着特性的理论探讨. 铁道学报, 1998,

20(5):28—34.

[17]　Ohyama T. Some basic studies on the influence of surface contamination on adhesion force between wheel and rail at higher speeds. Railway Technical Research Institute Quarterly Reports,1989,30(3):127—135.

[18]　Ohyama T. Adhesion at higher speeds,its characteristics,its improvement and some related problems. Japanese Railway Engineering,1989,(100):19—23.

[19]　Zhang W H,Chen J Z,Wu X J,et al. Wheel/rail adhesion and analysis by using full scale roller rig. Wear,2002,253(1-2):82—88.

[20]　Ohyama T. Tribological studies on adhesion phenomena between wheel and rail at high speeds. Wear,1991,144(1-2):263—275.

[21]　Zhu Y,Olofsson U. An adhesion model for wheel-rail contact at the micro level using measured 3d surfaces. Wear,2014,314(1-2):162—170.

[22]　鲍维千. 关于机车粘着的一些概念及提高机车粘着性能的措施. 内燃机车,1999,(1):8—14.

[23]　大山忠夫. 高速化与高粘着. 国外铁道车辆,1997,(5):50—53.

[24]　Schwarze H,王渤洪. 与速度有关的高负荷轮轨接触的粘着力(一). 变流技术与电力牵引,2002,(3):8—12.

[25]　Schwarze H,王渤洪. 与速度有关的高负荷轮轨接触的粘着力(二). 变流技术与电力牵引,2002,(4):7—12.

[26]　Wang W J,Wang H,Wang H Y,et al. Sub-scale simulation and measurement of railroad wheel/rail adhesion under dry and wet conditions. Wear,2013,302(1-2):1461—1467.

[27]　张卫华,周文祥,陈良麒,等. 高速轮轨粘着机理试验研究,铁道学报,2000,22(2):20—25.

[28]　金学松,沈志云. 轮轨滚动接触力学的发展. 力学进展,2001,31(1):33—46.

[29]　Ahmadian M,张钟浩. 机车自导向转向架对改善曲线轨道上粘着的作用. 国外内燃机车,2002,(4):10—15.

[30]　杨欣,唐松柏. 装用径向转向架内燃机车曲线粘着性能试验方法研究. 铁道机车车辆,2002,(2):26—29.

[31]　Wang J X,Xu Y D,Lian S L,et al. Probabilistic prediction model for initiation of RCF cracks in heavy-haul railway. International Journal of Fatigue,2011,33(2):212—216.

[32]　Stock R,Pippan R. RCF and wear in theory and practice—The influence of rail grade on wear and RCF. Wear,2011,271(1-2):125—133.

[33]　Kumagai N,Hasegawa I. A study on adhesion between wheels and rails in wheel slipping for high availability of braking force. Transactions of the Japan Society of Mechanical Engineers,Part C,2004,70(689):142—148.

[34]　金雪岩,刘启跃,王夏秋. 轮轨粘着-蠕滑特性试验研究. 铁道学报,2000,22(1):36—39.

[35]　金学松,刘启跃. 轮轨摩擦学. 北京:中国铁道出版社,2004.

[36]　王文健,郭俊,刘启跃. 车轮型面对轮轨黏滑特性影响. 同济大学学报(自然科学版),2013,41(6):904—909.

[37]　魏先祥. 轮轨静接触时的应力状态. 铁道学报,1991,13(3):1—11.

[38]　冯宝锐,王元清,石永久. 低温下铁路钢轨钢材断裂韧度 KIC 的试验研究. 铁道学报, 2008,30(2):83—87.

[39]　马蕾,何成刚,赵相吉,等. 低温环境下轮轨材料滚动磨损模拟试验研究. 摩擦学学报, 2016,36(1):92—97.

[40]　Wang Y Q,Zhou H,Shi Y J,et al. Mechanical properties and fracture toughness of rail steels and thermite welds at low temperature. International Journal of Minerals,Metallurgy and Materials,2012,19(5):409—420.

[41]　王元清,奚望,石永久. 钢轨钢材低温冲击功的试验研究. 清华大学学报(自然科学版), 2007,47(9):1414—1417.

[42]　张银花,周清跃,陈朝阳,等. U71Mn 钢轨低温性能试验研究. 铁道学报,2005,27(6): 21—27.

[43]　Pavlov V V,Godik L A,Kozyrev N A,et al. Ladle treatment of low temperature rail steel. Steel in Translation,2008,38(3):231—233.

[44]　Chapman L,Thornes J E,Huang Y,et al. Modelling of rail surface temperatures:A preliminary study. Theoretical and Applied Climatology,2008,92(1):121—131.

[45]　马炜,王齐荣,米隆. 铁路最大坡度标准的制订. 铁道标准设计,1998,(4):22—23.

[46]　杨勇军. 坡道对机车轴重转移的影响分析. 铁道机车车辆,2007,27(2):7—11.

[47]　金辉,葛安林,秦贵和,等. 基于纵向动力学的坡道识别方法研究. 机械工程学报,2002, 38(1):79—82.

[48]　马大炜. 关于大秦线重载列车下坡道安全运行和纵向力问题. 铁道车辆,2005,43(1): 1—4.

[49]　周圣齐. 坡道制动浅析. 铁道车辆,1981,(10):3—10.

[50]　吴彬,宁立福. 中俄联运罐车在长大坡道上制动力不足的原因及改进措施. 铁道车辆, 2005,43(1):41—42.

[51]　何欣,岳辉. 铁路动车组动力与线路坡度适应能力分析. 甘肃科技纵横,2006,35(4):65—66.

[52]　王海洋,申鹏,刘启跃,等. 列车在平直道和上坡道运行时轮轨间的粘着特性. 机械工程材料,2013,37(5):88—91,96.

[53]　杨勇军. 坡道对机车轴重转移的影响分析. 铁道机车车辆,2007,27(2):7—11.

第3章 第三介质工况下轮轨黏着行为

与干态工况下各种运行参数对轮轨黏着行为的影响相比,对轮轨黏着影响最大的还是界面状态。以往的研究表明,列车在干燥的轮轨界面运行时,轮轨黏着力基本可以满足列车的牵引和制动需求[1]。然而,铁路系统是一个开放的系统,线路周围的环境会使轮轨界面不可避免地受到各类"第三介质"的污染,包括树叶、植物、油脂、水、冰、雪等。它们的存在会严重影响轮轨黏着特性,导致列车运行中黏着系数急剧降低,造成车辆制动距离过长、车轮空转、打滑、列车晚点等危害。

欧洲和日本铁路沿线经常会有大树存在,当落叶进入轮轨接触区时,经过车轮的反复碾压会在轮轨表面形成一层极难去除的污染层,引起轮轨黏着系数的大幅降低,从而导致秋天列车的准点率低于全年的平均准点率[2]。水作为轮轨界面最为常见的污染物,会以不同的形式出现在钢轨表面,大雨天气,钢轨表面的其他污染物会迅速被雨水冲刷干净,这在一定程度上对于提高黏着系数是有利的[3,4]。然而在细雨、霜、雾等天气条件下,当少量水介质出现在钢轨表面时,会极大地降低轮轨黏着系数,而且少量的水介质极易与轮轨表面的其他污染物形成混合污染物,使黏着水平进一步下降。除了水和落叶,油也是轮轨界面间一种极为常见的污染物。油介质对黏着系数的影响比水介质的影响大,一般情况下可使黏着系数下降至0.1以下[3,5]。此外,在我国北方地区,冬天为了防止钢轨表面结冰,常在钢轨表面涂防冻液来预防结冰,以及在对钢轨进行无损探伤中使用防冻液来代替水,但防冻液本身也是一种润滑介质,它的存在同样会使轮轨间的黏着水平大幅降低。

国内外研究人员围绕轮轨间的"第三介质"开展了大量的试验研究。由于试验设备、试验条件和试验环境等的不同,试验得出的结果也有较大的差别。Beagley等[6]使用小比例试验机(模拟轮在钢轨上滚动)进行了油介质工况下的轮轨黏着试验,发现轮轨黏着系数变化与油的使用量相关,而与油中的化学成分无关,但湿度对轮轨黏着系数有明显的影响。Kumar等[7]使用比例为1∶4.5的双轮试验机,根据几何模拟方法考察了各种不同污染物(水、砂、润滑油、柴油、抹油后撒砂和撒砂后抹油)对轮轨黏着特性的影响,其中油介质对轮轨黏着影响最大。Baek[8]利用小比例双轮对滚试验机在低速、低蠕滑工况下分别对干态和水介质工况下的轮轨黏着特性进行了研究,并对两种工况下的轮轨黏着系数进行了对比分析。Olofsson等[9,10]、Gallardo-Hernandez等[11]、Lewis等[12,13]同样利用双轮对滚试验机,系统研究了轮轨在干燥、水、油以及树叶等第三介质工况下的轮轨黏着特性,所得结果基本一致,水、油、树叶等第三介质进入轮轨接触区后都会导致轮轨黏着系数急剧降低。Lewis 等[14]还发现,水油混合介质工况下,轮轨黏着系数要进一步降低,低于水、油介质工况下的黏着系数。Ohyama 等[15~17]研究了不同工况下机车的运行参数,如速度、接触压力、表面粗糙度、第三体介质等对黏着系数的影响,取得了很好的结果,其中接触压力对黏着系数的影响受粗糙度影响较大。在较光滑的接触表面,黏着系数随着接触压力的增加逐渐增大,但对于较粗糙的接触面变化趋势则相反。Chen 等[18~20]研究了表面粗糙度、表面粗糙度纹理及温度对黏着系数的影响,并将试验结果与数值计算结果进行了对比,发现水温和表面粗糙度的大小对轮轨黏着特性的影响很显著,但表面纹理对黏着系数变化规律影响的试验和数值计算结果相矛盾。这还需要后续进一步改进数值模型来研究确定。Zhu 等[21]利用小型轮轨试验机,在干态、水介质、油介质及树叶介质工况下分别进行了轮轨黏着模拟试验研究,对于光滑表面,水介质工况下轮轨黏着系数可降至 0.02;对于粗糙表面,水润滑可以获得相对较高的黏着系数;相对于水介质和油介质,树叶对黏着系数的影响最大。

对铁路上常见的第三介质的研究,除上述实验室的研究外,还有一些学者直接通过现场研究的方法对水、油及树叶介质工况下的轮轨黏着系数进行了测试[22~26],其结果与实验室研究得到的规律基本一致。

本书作者及其研究团队利用 JD-1 轮轨模拟试验机对水、油、树叶、水油混合、水与树叶混合、防冻液等常见"第三介质"对轮轨黏着特性的影响进行了系统的研究,致力于探究"第三介质"导致黏着系数降低的机理所在[27~43]。

3.1　水介质工况下轮轨黏着特性

水是轮轨运行过程中最经常出现的第三介质。雨、雪、露、霜、雾都会在钢轨表面形成水介质,造成轮轨界面黏着系数的降低。试验研究过程中,通常利用输液管以设定的流量(如 1mL/min)滴在轮轨试样表面来模拟水介质工况下的轮轨运行。水温为常温,可通过添加冰块和热水来调节水温。轮轨试样几何关系及水介质添加方式如图 3.1 所示[27]。

3.1.1　水介质对轮轨黏着系数的影响

图 3.2 中曲线 A 和 B 分别模拟轴重 17t 和 21t 轮轨接触从干态工况下突然转入水介质工况时黏着系数的变化曲线;曲线 C 为速度和轴重与曲线 B 相同,但始终处于水介质工况下的黏着系数变化曲线。从干态工况下转入水介质工况时轮轨黏着系数会大幅降低,降低 50%~60%。在相同轴重和速度下,轮轨从干态工况下突然转入水介质工况时的轮轨黏着系数比轮轨在水介质工况下的轮轨黏着系数要小一些。这是因为干态工况下轮轨间的磨损比水介质工况更为严重,在轮轨接触

面上产生较多的磨屑,当有水加入后原接触面上的磨屑便会与水形成一种润滑剂,这会使黏着系数急剧下降。

图 3.3 为干态和水介质工况下的轮轨黏着-蠕滑曲线。从图 3.3 中可以看出,

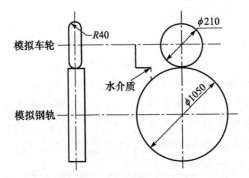

图 3.1 实验室水介质添加示意图(单位:mm)

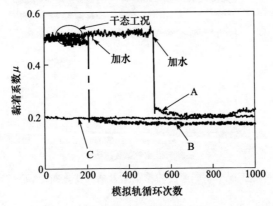

图 3.2 水介质工况下轮轨黏着系数变化曲线($v=60\text{km/h},\lambda=1\%$)

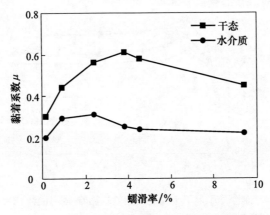

图 3.3 干态和水介质工况下轮轨黏着-蠕滑曲线

水介质工况下,黏着系数随蠕滑率的变化与干态工况下一样,都是先急剧增大,达到峰值点后,随蠕滑率的继续增大,黏着系数出现下降趋势。但水介质工况下的黏着曲线与干态工况下的相比,黏着系数的峰值点位置明显偏左。

3.1.2 水介质工况下速度的影响

图 3.4 为水介质工况下不同速度的轮轨黏着系数变化曲线。水介质工况下,随着速度的增加,轮轨黏着系数减小。当蠕滑率从 0 增加到 1‰时,黏着系数迅速增加;蠕滑率为 1‰时黏着系数达到最大,如图 3.5 所示。随着蠕滑率的继续增加,黏着系数出现小幅下降,且黏着系数趋于稳定,其变化趋势与干态基本一致,但水介质工况下的黏着系数比干态工况下的要小很多。此外,60km/h、90km/h、120km/h 运行时对应的黏着-蠕滑曲线在稳定阶段基本平行。

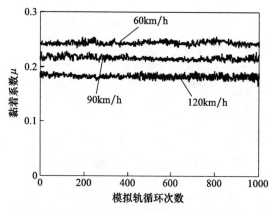

图 3.4　水介质工况下不同速度的轮轨黏着系数变化曲线($T=21t,\lambda=1\%$)

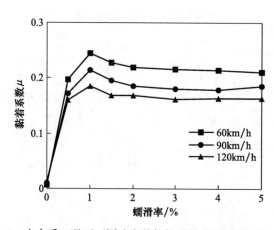

图 3.5　水介质工况下不同速度的轮轨黏着-蠕滑曲线($T=21t$)

　　轮轨接触表面为非光滑表面,水介质工况下轮轨接触会出现由水膜厚度和表面粗糙度决定黏着系数的"混合润滑"状态[36],如图 3.6 所示。当速度增加时,水膜厚度增加,表面粗糙峰的接触减少,垂向载荷大部分由水膜承担,轮轨间的切向力则主要靠粗糙峰间的剪切作用产生,水膜间的剪切作用很小且可以忽略不计,因此表面粗糙峰的接触减小,势必造成黏着系数降低。

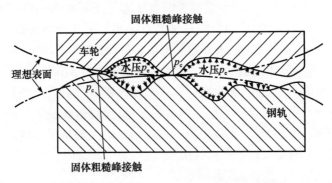

图 3.6　水介质工况下轮轨接触微观示意图

　　随着近年来我国铁路的不断提速,以及高速铁路大面积开通运营,我国已经进入高速铁路时代。毫无疑问,高速下的轮轨黏降将会对列车的运行造成更大的危害,而目前国内外的研究大多数都是在中低速下开展的,其试验结果尚不能准确揭示高速下的轮轨黏着机理。正如上述研究得到的水介质工况下中低速对黏着系数的影响规律是否适用于高速工况还需要进一步试验研究。

　　利用西南交通大学摩擦学研究所研制的 JD-2 高速轮轨模拟试验机,我们初步开展了模拟速度在 100～300km/h 范围的中高速试验。水介质工况下速度对黏着系数的影响如图 3.7 所示。水介质工况下,速度在 100～300km/h 范围内变化

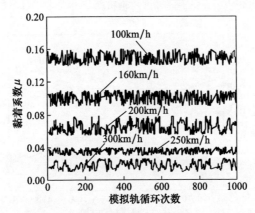

图 3.7　不同速度下轮轨黏着系数变化曲线($T=14t,\lambda=0.5\%$)

时,黏着系数同样随速度的增加而降低,这种变化趋势与以往的试验结果一致。但需注意的是,当模拟速度达到 250km/h 时,轮轨界面的黏着系数已经下降到 0.05以下,明显低于列车正常运行所需的黏着系数,即已处于低黏着状态。

3.1.3　水介质工况下轴重的影响

水介质工况下轴重对黏着系数的影响与干态工况下基本一致,即随轴重的增大黏着系数逐渐减小,但轴重的影响总体来看很小。图 3.8 为水介质工况下不同轴重的轮轨黏着-蠕滑曲线。在水介质工况下,同一蠕滑率下,随轴重的增加,轮轨黏着系数有所下降,但降幅很小[27]。这可能是因为边界润滑状态下,法向载荷由水膜和表面微凸峰共同承担,轮轨之间实际接触区在不同轴重条件下的变化很小,因此轴重的增加导致黏着系数呈很小幅度的下降。此外,如图 3.9 所示,60km/h、90km/h 和 120km/h 条件下,黏着系数均随着轴重的增加呈现不同幅度的下降,其中 60km/h 工况下的黏着系数下降幅度最大。

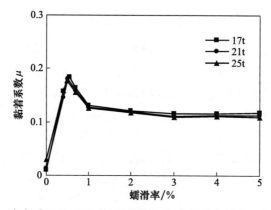

图 3.8　水介质工况下不同轴重的轮轨黏着-蠕滑曲线($v=120$km/h)

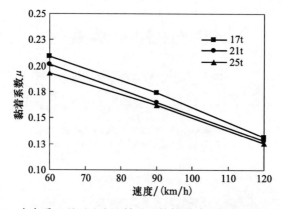

图 3.9　水介质工况下速度和轴重对轮轨黏着系数的影响($\lambda=1\%$)

3.1.4　水介质工况下流量和水温的影响

雨、雪、露、霜、雾等均可能在钢轨表面形成水介质,造成轮轨黏着系数的降低。即使同属于水介质工况,不同的天气条件对黏着系数的影响明显不同,这主要是由于这些天气条件在轮轨表面所形成的水量不同。因此在实验室内开展不同水流量的研究,对了解各类天气条件对黏着系数的影响具有十分重要的参考意义。

试验过程中,滴水速度分别选取 1mL/min、5mL/min 和 20mL/min 分别模拟小水流量、中水流量和大水流量。需注意的是,对水流量大小的界定无统一的标准参考,应根据试样接触斑的大小、转速等试验参数来选择相应的滴水速度,具体可根据第 4 章中弹流润滑理论计算膜厚的方法进行确定。

由图 3.10 可以看出,水流量对轮轨黏着系数具有较大影响,随水流量的增大黏着系数明显下降。水流量在 1mL/min 时,黏着系数保持在 0.2 左右,水流量增加至 5mL/min 时,黏着系数下降至 0.12 左右,当水流量达到 20mL/min 时,黏着系数下降至 0.08 左右。以上结果表明,大雨、小雨、雾等不同天气条件下,由于在轮轨表面形成的水量不同,其对黏着系数的影响也会不同。总体来说,黏着系数会随着水流量的增加而减小,但当水流量达到一定值之后,水流量继续增加,黏着系数下降的幅度将减小。其机理与钢轨表面所能积聚的最大水量与实际进入轮轨接触区的水量相关,当水流量超过钢轨表面所能积聚的水量极限后,多余的水会直接从钢轨表面流走,并不能继续起到增加水膜厚度的作用。

实验室研究水流量对黏着系数的影响与现场运行工况存在有较大差别,且不同试样尺寸、试验速度下水量对黏着系数的影响都会存在较大的差异,因此应根据实际条件进行具体分析。

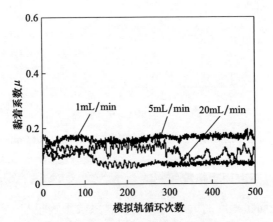

图 3.10　水介质工况下不同水流量的轮轨黏着系数变化曲线
($v=90$km/h, $T=17$t, $\lambda=1\%$)

　　我国地域广阔,气候多变,即使同一既有线路同一时间在不同的地区,轮轨表面水介质的温度差异也很大。另外,不同运行速度下轮轨接触区内摩擦作用产生的热量也有所不同,会导致水介质工况下水温的不同。目前国内外学者对水介质工况下轮轨接触进行弹流润滑分析过程中,常将水介质看作等温流体,不考虑温度对计算结果的影响。然而不同温度下水的黏度明显不同,水温对轮轨黏着系数的影响能否忽略还需要相关的试验验证。

　　Chen 等[18]、Zhu 等[21]分别利用双轮对滚和球盘试验研究了不同温度水介质对轮轨黏着系数的影响。其中,Chen 的研究中,水温 50℃时黏着系数约为 5℃时的两倍;Zhu 研究了不同粗糙度下水温对黏着系数的影响[21];光滑表面时,水温由5℃增加到 20℃,黏着系数未见明显上升,而表面粗糙时,水温由 5℃增加到 20℃黏着系数出现明显上升。基于以上分析,我们利用 WR-1 轮轨滚动磨损试验机开展了不同水温下的黏着试验,通过添加冰块和热水来调节水温,分别进行了 0℃、20℃和 50℃三组试验。

　　图 3.11 为水介质工况下不同水温的轮轨黏着系数的变化曲线。水温为 0℃时,黏着系数稳定后保持在 0.268 左右,在 20℃和 50℃时,黏着系数稳定后分别达到 0.277 和 0.296。由此可知,黏着系数随着水温的升高呈逐步增加的趋势。水介质工况下,轮轨微凸体与水膜共同承担接触载荷。若水温较低,水的黏度将增大,因而将会增加水膜的厚度,从而导致黏着力和黏着系数下降。

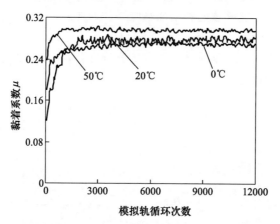

图 3.11　水介质工况下不同水温的轮轨黏着系数变化曲线($v=400\text{r/min}, T=21\text{t}, \lambda=0.93\%$)

3.1.5　水介质工况下表面粗糙度的影响

　　干态工况下表面粗糙度的大小对轮轨黏着系数影响很小,但水介质工况下车轮与钢轨处于边界润滑状态,轮轨接触总载荷由处于接触状态下的表面微凸体和水膜共同承担,通常水膜的抗剪切系数很小,轮轨黏着主要由微凸体间的接触部分承担,而表面粗糙度的大小直接影响微凸体接触的数量,因此表面粗糙度对水介质工况下轮轨黏着行为具有重要影响。

目前公认的粗糙度对轮轨黏着的影响主要体现在两个方面:均方根偏差和表面纹理参数,前者代表粗糙度的大小,后者代表粗糙度的纹理方向。试验研究中,通常通过不同型号的砂纸对试样进行反复打磨来模拟不同的表面粗糙度,通过不同的打磨方向来模拟不同的粗糙度纹理方向。

图 3.12 为水介质工况下不同表面粗糙度的轮轨黏着系数变化曲线。从图 3.12 中可以看出,随着循环次数的增加,黏着系数变化较为平稳;随着表面粗糙度增加,轮轨黏着系数呈明显的增加趋势,表面粗糙度从 $1\mu m$ 增加到 $50\mu m$,黏着系数提高约 126.5%[38]。图 3.13 为水介质工况下表面纹理参数对轮轨黏着系数的影响。表面纹理参数记为 γ,代表表面微凸体的长宽比:$\gamma>1$ 表示纵向纹理,$\gamma=1$ 表示各向同性,$\gamma<1$ 表示横向纹理。从图 3.13 中可以看出,横向纹理的表面粗糙度在同一条件下具有更大的黏着系数。

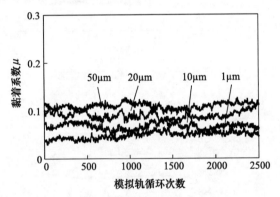

图 3.12　水介质工况下不同表面粗糙度的轮轨黏着系数变化曲线($v=90km/h,T=21t,\lambda=1\%$)

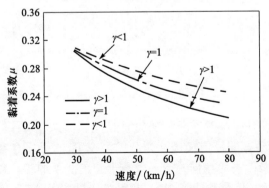

图 3.13　水介质工况下表面纹理参数对轮轨黏着系数的影响($\lambda=0.2\%$)[19]

3.1.6　水介质工况下冲角的影响

图 3.14 为水介质工况下不同冲角的轮轨纵向黏着-蠕滑曲线,图 3.15 为相同条件下轮轨横向黏着-蠕滑曲线。由图 3.14 可知,冲角增大,纵向黏着系数随之减小。冲角为 0.2°、0.3°、0.4°时,轮轨间纵向黏着系数比直线工况(冲角为 0°)时分别下降约 12%、16%、20%。随着冲角增大,横向黏着系数有所增加。冲角为 0.3°和 0.4°时,轮轨横向黏着系数相比 0.2°冲角时分别增加 21%和 46%。

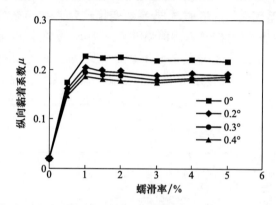

图 3.14　水介质工况下不同冲角的轮轨纵向黏着-蠕滑曲线($v=90\mathrm{km/h}, T=21\mathrm{t}$)

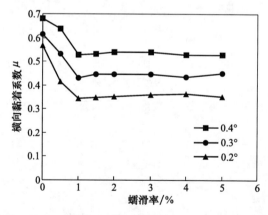

图 3.15　水介质工况下不同冲角的轮轨横向黏着-蠕滑曲线($v=90\mathrm{km/h}, T=21\mathrm{t}$)

另外,对比干态与水介质工况下的轮轨纵向和横向黏着-蠕滑曲线可发现,黏着系数变化趋势大致相同。但相同冲角及蠕滑率下,水介质存在时的纵向黏着系数比干态工况小很多[39];而横向黏着系数与干态工况下的相比差别不明显。模拟轮在横向上没有滚动,且滑动速度很慢,只是处于微滑状态,轮轨接触区域间的横向水膜很薄,几乎不会使轮轨接触区域微凸体减少,实际接触面积也基本相同,故横向黏着力和黏着系数与干态工况相比下降不明显。

3.1.7 水介质工况下坡度的影响

从干态工况下坡度对轮轨黏着系数的影响分析中可以看出,坡道能导致黏着系数大幅度下降。干态工况下 60‰的上坡道可使黏着系数下降至 0.28 左右,与平直道相比降幅约为 50%。而水介质工况下,在平直轨道运行时,轮轨黏着系数基本为 0.1~0.3,这个范围通常还是在机车正常运行所需的黏着系数范围之内。水介质工况下,坡道对黏着系数的影响是否还像干态工况下那么大,是否会导致黏着系数降至超出正常运行所需的范围等问题都还需要进一步验证,为轮轨运行中的增黏控制提供相应的数据参考。

水介质工况下的坡道试验在干态工况下坡道试验的基础上,通过向模拟钢轨表面施加水介质实现,水流量为 5mL/min。由图 3.16 可知,水介质工况下平直道

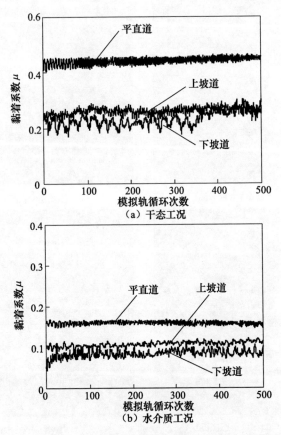

图 3.16 干态和水介质工况下平直道和坡道的轮轨黏着系数变化曲线
(v=90km/h,T=21t,λ=0.5%)

轮轨黏着系数约为 0.17，上坡道（60‰）的轮轨黏着系数约为 0.10，下坡道（60‰）的黏着系数约为 0.08；上下坡道轮轨黏着系数均较平直道轮轨黏着系数明显偏低，其分别下降约 38% 和 50%。水介质工况下坡道对轮轨黏着系数的影响与干态工况下基本一致，只不过水介质工况下的黏着系数更小，变化更为平稳[29]。

　　此外，轮轨运行于平直轨道上的黏着系数非常平稳。但在上下坡道运行时，坡道附加阻力的存在，使车轮容易发生空转，导致黏着系数瞬间降低，因此在上下坡道运行时，轮轨黏着系数相比于平直轨道的波动更大。

　　图 3.17 为平直轨道和不同坡道运行时的模拟轨表面磨痕图。从图 3.17 中可以看出，水介质工况下，钢轨表面的磨痕宽度要小于干态工况下的磨痕宽度，这是由轮轨接触区内水膜起到的润滑作用所致。此外，可以明显看出水介质工况下磨痕附近有大量的锈斑出现，这说明水会加剧轮轨接触区的氧化反应。

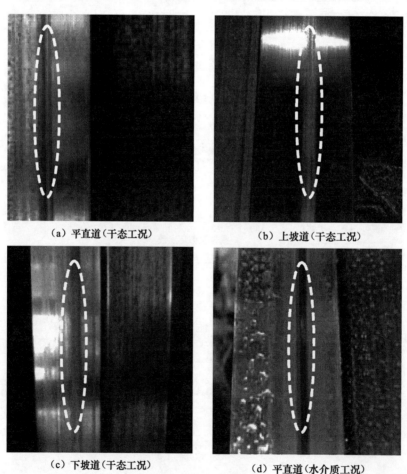

（a）平直道（干态工况）　　　　　　（b）上坡道（干态工况）

（c）下坡道（干态工况）　　　　　　（d）平直道（水介质工况）

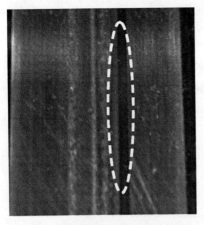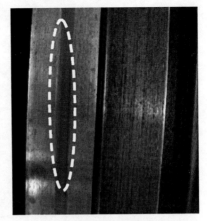

（e）上坡道（水介质工况）　　　　　　　　（f）下坡道（水介质工况）

图 3.17　不同坡道下运行 2000 转后模拟轨表面磨痕照片

　　现场中，轨道的坡度一般在 0～30‰范围内，最大不超过 42.5‰。图 3.18 为水介质工况下不同坡道的轮轨黏着系数变化曲线。由图 3.18 可以看出，水介质工况下平直轨道轮轨黏着系数约为 0.17，在 60‰上坡道条件下黏着系数约为 0.10；与干态工况相比较，水介质工况下平直轨道和上坡道的黏着系数分别减少约 55％和 69％。随上坡道坡度的增加，轮轨黏着系数降低幅度增加。与上坡道具有类似的规律，随下坡道坡度的增加黏着系数依次减小。当坡度为±12‰时，轮轨黏着系数下降幅度最大［见图 3.18(c)］，当坡度增加到±36‰或±60‰时，黏着系数相对下降幅度并不是很明显。通过以上试验结果可以看出，当水介质工况下坡度超过±12‰时，就要及时做好增黏准备，避免安全事故的发生。

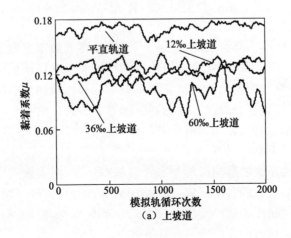

（a）上坡道

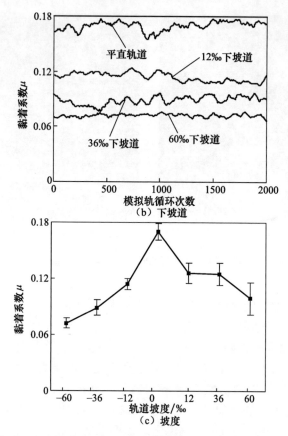

图 3.18　水介质工况下坡道对轮轨黏着系数的影响（$v=90$km/h, $T=21$t, $\lambda=0.5\%$）

3.2　油介质工况下轮轨黏着特性

铁路运营过程中,机车特别是内燃机车常常会有油洒落至钢轨表面。在曲线半径较小的区段,工务部门经常会在钢轨内侧涂抹润滑油以减缓钢轨侧磨和防止脱轨,而钢轨内侧涂抹的润滑油会随着列车的运行移至轨面。铁路线路上常见的油主要有机车燃油、机油、液压油,齿轮润滑脂等混合物。油和轮轨表面一些杂质混合组成复杂的混合物对轮轨黏着系数的影响比水介质的影响更大,一般情况下可以使黏着系数降至 0.1 以下。

油介质对黏着系数的影响机理与水介质基本一致,在实验室中开展研究油介质工况下影响黏着系数的各类因素,如轴重、速度、表面粗糙度、坡度等参数,也都与水介质工况下的研究相似。因此它们的试验设计、结果与理论分析都基本相同,且经常相互作为对照组出现在同一试验研究中。

　　试验中添加的油介质可以为齿轮润滑油、机车燃油、机油等单一种类的铁路用油，也可以为多种油脂的润滑物。Beagley[6]使用小比例双轮对滚试验机进行了多种油介质工况下的轮轨黏着试验，发现轮轨黏着系数变化与油的用量有关，而与油中的化学成分无关。试验中添加油介质的方式，既可以采用添加水介质的方式，也可以使用毛刷在试验开始前将润滑油均匀涂抹于模拟轮轨试样表面，具体的添加方式，研究者可结合试验目的合理选择。

3.2.1　油介质对轮轨黏着系数的影响

　　以往的研究表明，油介质工况下轮轨黏着系数的变化与接触区内油膜的厚度密切相关，即与接触表面间的润滑状态有关。由于轮轨滚动接触表面为非光滑表面，在油介质工况下，当模拟轮以很快的速度滚过模拟轨表面时会在模拟轮轨间形成一层很薄的油膜，在油膜的作用下，模拟轮轨接触区域的润滑状态由轮轨表面的微凸峰和油膜决定，垂向载荷由油膜和表面微凸峰接触共同承载。

　　通常油介质工况下的黏着系数要远小于水介质工况下的黏着系数，这是因为与水相比油的黏度要高得多，因此油介质工况下轮轨接触区形成的油膜厚度远大于水介质工况下的水膜厚度，导致油介质工况下轮轨表面的微凸峰接触比水介质工况下的更少。

　　图 3.19 为干态、水介质和油介质工况下的轮轨黏着系数变化曲线。由图 3.19 可以发现：油介质工况下轮轨黏着系数降至 0.03，远远小于干态和水介质工况下的黏着系数，因此极易发生车轮打滑和空转。

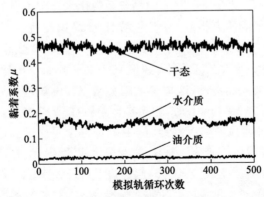

图 3.19　干态、水介质和油介质工况下轮轨黏着系数变化曲线（v＝100km/h，T＝21t，λ＝0.5%）

　　油介质工况下轮轨黏着-蠕滑曲线如图 3.20 所示[14]。在初始阶段，黏着系数随着蠕滑率的增大迅速达到峰值点，之后黏着系数随蠕滑率的继续增大而趋于平稳。与干态和水介质工况下黏着特性曲线相比，油介质工况下黏着特性曲线的峰值点位置更加靠前,约在 0.5% 蠕滑率位置,初始斜率更小,峰值点的黏着系数更小。由蠕滑控制理论可知,油介质工况下轮轨运行极易进入滑动区,使车轮出现打滑或空转,造成轮轨擦伤。

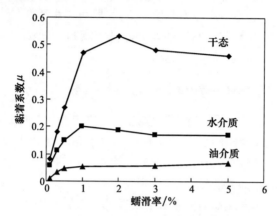

图 3.20　干态、水介质和油介质工况下轮轨黏着-蠕滑曲线[14]

3.2.2　油介质工况下速度的影响

与水介质相似,油介质工况下速度会影响产生的油膜厚度,进而影响黏着系数的变化。图 3.21 为水介质和油介质工况下轮轨黏着系数随速度的变化曲线。对比水介质工况下不同速度的黏着系数曲线可以看出,油介质工况下速度对黏着特性的影响与水介质工况下的相同,均随速度的增加而降低,只是在数值上有一定的差异[31]。相同条件下,油介质工况下的黏着系数比水介质工况下的小得多。

与水介质工况下的研究相似,我们利用 JD-2 高速轮轨模拟试验机,继续开展了模拟速度在 100~300km/h 油介质工况下的中高速黏着试验,其对黏着系数的影响如图 3.22 所示。油介质工况下,速度在 100~300km/h 范围内变化时,黏着系数同样随速度的增大而降低,这种变化趋势与以往的试验结果相一致。值得注意的是:当模拟速度为 100km/h 时,轮轨黏着系数在 0.12 左右,与 JD-1 轮轨模拟试验机 90km/h 的黏着系数略有差异,这主要是由于两次试验所选的蠕滑率和轴重不同,并不影响对规律的研究。从图 3.22 中可以看出,油介质工况下当速度超过 200km/h 时,黏着系数已低至 0.05,当速度达到 300km/h 时,黏着系数已下降到 0.01 左右,远低于列车正常运行所需的黏着系数,故轮轨界面极易发生打滑或空转而引起擦伤与制动事故。

此外,对比水介质和油介质工况下不同速度的轮轨黏着系数可以看出,高速下,尤其是当速度达到 250km/h 和 300km/h 后,两者的黏着系数从数值上来看差异已经很小,均低于 0.05,进入了严重的低黏着区,需要通过增黏手段来提高黏着系数。

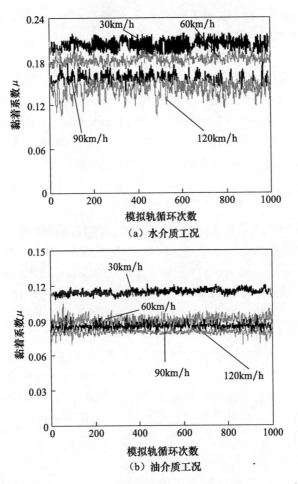

图 3.21　不同速度下轮轨黏着系数变化曲线($T=21t, \lambda=1.5\%$)

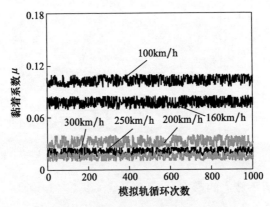

图 3.22　不同速度下轮轨黏着系数变化曲线($T=14t, \lambda=0.5\%$)

正如前面所提到的,在其他条件不变时,油膜和水膜的厚度均随速度的增加而显著增大,黏着系数随之下降。总体看来,水介质工况下的黏着系数要比油介质工况下的大很多,这主要是因为水的黏度大约是油的1/10,在相同条件下水的膜厚要比油膜厚度小得多,约为油膜厚度的1/10,膜厚越小表面微凸体承载越大,因此水介质工况下的黏着系数就越大。但值得注意的是,虽然水介质工况相比于油介质工况有较高的黏着系数,但当速度超过100km/h时黏着系数的值还是小于0.1,黏着水平偏低。因此无论轮轨表面存在水还是油,都必须尽快将其清除,或者通过使用相应的增黏措施来确保列车的安全可靠牵引与制动。

3.2.3　油介质工况下轴重的影响

目前针对干态工况下和水介质工况下轴重对黏着系数的影响,研究者已基本达成一致,即轴重增加,黏着系数随之降低,但降幅很小,轴重的影响总体来看不是很大。而针对油介质工况由于研究较少,其轴重的影响规律还未达成共识。

以往的研究结果中多认为油介质工况下轴重对黏着系数的影响规律与水介质工况下的变化规律相反。图3.23为油介质工况下不同轴重的轮轨黏着系数变化曲线。从图3.23中可以看出,随轴重的增加黏着系数出现轻微的上升趋势,与干态和水介质工况下轴重对黏着系数的影响规律正好相反[31]。油介质工况下随着轴重的增加油膜厚度减小,这点与水介质工况下轴重的影响规律是一致的。膜厚的减小会直接导致表面微凸体接触压力的增加,但由于水、油两种介质的黏度随压力变化规律是完全不一样的,因此油介质工况下轴重的增加可能会使黏着系数出现轻微的上升。

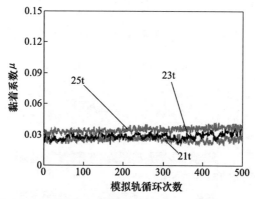

图3.23　油介质工况下不同轴重的轮轨黏着系数变化曲线($v=90\mathrm{km/h},\lambda=0.5\%$)

3.2.4　油介质工况下坡道的影响

在2.8节和3.1.7节研究干态工况和水介质工况下坡道对轮轨黏着影响规律

的基础上,通过向轨面抹油的方式,研究了油介质工况下不同坡度条件对黏着系数的影响。由图 3.24 可知,油介质工况下平直轨道的黏着系数约为 0.046,上坡道的轮轨黏着系数约为 0.035,较平直轨道的轮轨黏着系数下降 24%。下坡道轮轨黏着系数约为 0.027,较平直道轮轨黏着系数下降 42%。

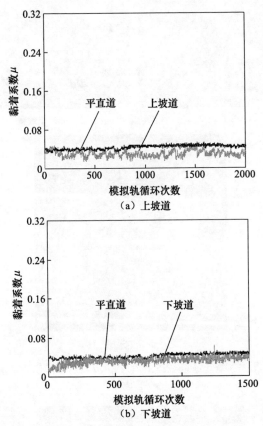

图 3.24　油介质工况下不同坡道的轮轨黏着系数变化曲线($v=90{\rm km/h},T=21{\rm t},\lambda=0.5\%$)

油介质工况下,轮轨之间的黏着力为接触表面内凹凸不平的固体粗糙峰接触产生的切向力与存在于微凸体之间的油产生的切向力之和。接触表面内的固体粗糙峰接触数量大大少于干态工况,且油的抗剪切系数很小,油膜产生的切向力也很小,此外由于油的润滑作用,油介质工况下轮轨黏着系数很小。在平直轨道运行时黏着系数非常平稳。但在上下坡道运行时,坡道附加阻力的存在,使车轮容易发生空转,导致黏着系数瞬间降低,因此在上坡道运行时黏着系数容易出现大幅度、多频率的波动[40,43]。

图 3.25 和图 3.26 分别为干态工况和油介质工况下不同坡道的模拟轨表面磨痕照片。从图中可以看出,与干态工况下模拟轨表面磨痕相比,油介质工况下的磨

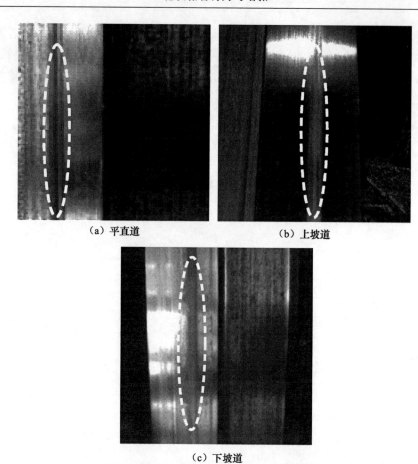

（a）平直道　　　　　　　　　（b）上坡道

（c）下坡道

图 3.25　干态工况下不同坡道下运行 2000 转后模拟轨表面磨痕照片

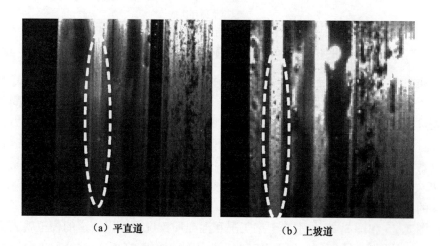

（a）平直道　　　　　　　　　（b）上坡道

（c）下坡道

图 3.26　油介质工况下不同坡道下运行 2000 转后模拟轨表面磨痕照片

痕更轻微,且较干态工况下的磨痕更加光滑、明亮,说明轮轨接触区内的油介质不仅起到良好的润滑作用,还起到保护膜作用,削减了氧化反应的发生。但是油介质试验结束后,会有油附着在磨痕上,很难清除。现场中,残留的油垢往往也是后续列车运行发生低黏着的主要原因之一。

3.2.5　油介质工况下表面粗糙度的影响

与水介质工况相似,油介质工况下轮轨接触处于边界润滑状态,轮轨间的接触总载荷由处于接触状态下的表面微凸体和油膜共同承担,而油膜的抗剪切系数很小,轮轨黏着主要由微凸体间的接触提供,而表面粗糙度的大小直接影响微凸体接触的多少,因此表面粗糙度对油介质工况下轮轨黏着具有十分重要的影响。

图 3.27 为油介质工况下不同表面粗糙度条件下的轮轨黏着系数变化曲线。

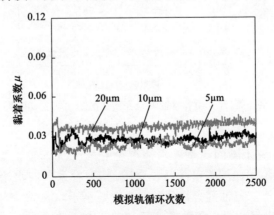

图 3.27　油介质工况下不同表面粗糙度的轮轨黏着系数变化曲线

（$v=90$km/h,$T=21$t,$\lambda=1\%$）

与图 3.12 结果对比可以看出，水介质工况下各粗糙度的黏着系数都明显大于油介质工况下的黏着系数，水介质工况下 $1\mu m$ 粗糙度的黏着系数接近油介质工况下 $20\mu m$ 粗糙度的黏着系数。这是因为油的黏度远大于水，在轮轨接触区形成的油膜厚度要远超过相同工况下的水膜厚度。油介质工况下，随着表面粗糙度增加，轮轨黏着系数也呈现增加趋势，表面粗糙度从 $5\mu m$ 增加到 $20\mu m$ 时，黏着系数值上升约 61.4%。

3.2.6　水油混合物的影响

列车运行过程中可能导致轮轨界面发生黏降事故最严重的第三介质是水油混合物。水油混合物通常会使轮轨黏着系数下降至 0.03 以下，比单纯油介质或水介质更为严重(见表 3.1)，远低于列车正常运行所需的黏着水平。图 3.28 为水介质、油介质和水油混合介质工况下轮轨黏着系数的变化曲线。从图 3.28 中可以看出，水油混合介质工况下的黏着系数最低，可以使黏着系数下降至 0.03 左右。

表 3.1　水、油、水油混合三种介质工况下轮轨黏着系数对比($v=90km/h,\lambda=0.5\%$)

介质工况	21t	25t
水介质	0.170 ± 0.018	0.180 ± 0.041
油介质	0.025 ± 0.002	0.035 ± 0.003
水油混合介质	0.018 ± 0.002	0.030 ± 0.002

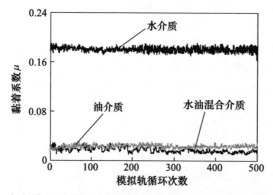

图 3.28　水介质、油介质和水油混合介质工况下轮轨黏着系数变化曲线
($v=90km/h,T=21t,\lambda=0.5\%$)

Lewis 等[14]研究了不同比例的水油混合介质工况下轮轨黏着-蠕滑曲线，如图 3.29 所示[14]。不同比例的水油混合介质，其黏着系数均小于单一的水介质和油介质，且 80%水+20%油混合物的黏着系数要小于 50%水+50%油混合物的黏着系数。图 3.30 为水油混合介质工况下，速度和轴重对轮轨黏着系数的影响。从图 3.30(a)中可以看出，水油混合介质工况下，速度的增加同样会使黏着系数进一

步下降,但轴重的增加则会使黏着系数略有上升,结果也与油介质工况下速度和轴重的影响相似。

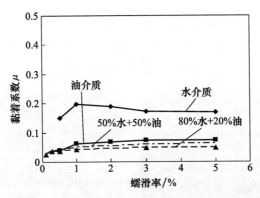

图 3.29 水、油、水油混合三种介质工况下轮轨黏着-蠕滑曲线[14]

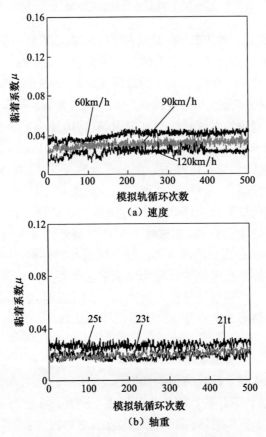

（a）速度

（b）轴重

图 3.30 水油混合介质工况下速度和轴重对轮轨黏着系数的影响（λ=0.5%）

3.3　树叶介质工况下轮轨黏着特性

铁路运营中另外一种经常出现在钢轨表面,导致轮轨黏着系数降低的第三介质便是树叶。每到秋天都会有许多落叶飘落在钢轨表面上,这些树叶会在列车经过时被卷入轮轨接触界面形成第三介质层,如图 3.31 所示[24]。

图 3.31　列车运行周边的树叶[24]

在轮轨接触区高压力作用下落叶黏附在钢轨上面,会形成一层很难去除的黑色残留层。该介质层具有很低的剪切强度及较大的膜厚,会使轮轨黏着系数急剧降低,很容易造成车轮打滑,导致列车牵引、制动能力减弱等问题。例如,2002 年荷兰秋天飘落的树叶引起了沿线铁路大面积的低黏着现象,导致当地约 20% 的列车被迫暂停运营[24]。

由于树叶介质对轮轨黏着特性的重要影响,国内外许多学者围绕树叶与轮轨界面低黏着的关系开展了大量的相关研究。英国学者 Poole[44] 在相关报道中提到,在实验室和现场能形成的树叶污染层厚度分别可达 $42.5\mu m$、$44.5\mu m$,使轮轨接触被树叶介质层分离。Olofsson[10] 通过试验表明,在第三介质树叶工况下轮轨黏着系数随湿度的增加而迅速降低。Cann[25] 认为在高速条件下树叶中的胶质成分会起到弹性流体润滑的作用,而树叶中的纤维部分则会起到固体润滑的作用。Zhu 等[26] 对现场钢轨踏面上的污染层进行了深入研究分析,认为碾压过程中树叶将与钢轨上的许多物质发生化学反应而形成黑色的污染层并附着在钢轨表面,且该污染层越厚则轮轨黏着系数越低。因此,及时去除钢轨表面上的树叶污染层并保持钢轨表面的清洁有利于提高轮轨的可利用黏着力。

3.3.1　树叶介质的影响

树叶介质对轮轨黏着系数的影响如图 3.32 所示。从图 3.32 中可以看出,不同添加树叶的方式,其黏着系数的变化趋势也不一样。在干态工况下一次性加入树叶到轮轨试样接触界面后,初期随循环次数的增加树叶被轮轨碾碎并黏附在试样表面上。碾碎的树叶形成一种润滑剂存在于轮轨接触界面,从而导致黏着系数下降[41],当黏着系数下降到一定值后,轮轨表面形成的树叶层随着时间的延长被不断去除,从而使这种润滑作用逐渐失效,黏着系数在一定时间后逐渐增加。

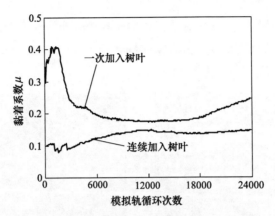

图 3.32　树叶介质工况下轮轨黏着系数变化曲线($v=200\text{r/min}, T=21\text{t}, \lambda=10\%$)

当在轮轨试样界面上连续加入树叶时,大量的树叶进入接触区,被碾碎并附着在轮轨表面,形成很厚的一层润滑介质,使轮轨黏着系数降至最低,且明显小于一次加入树叶时的值,树叶的连续存在和润滑作用,使得黏着系数保持较为稳定的变化。

3.3.2　树叶与水介质共同作用的影响

如果在加入树叶的同时再加入水介质,轮轨黏着系数会进一步降低,如图 3.33 所示。这主要是因为树叶与水存在于接触面上时,碾碎的树叶与水介质会形成一种抗剪切强度更低、膜厚更大的固液混合态润滑剂,具有良好的润滑作用,从而导致轮轨黏着系数急剧下降,极易造成轮轨的低黏着现象。

此外,在试验中还观测到,当向轮轨接触面添加新鲜树叶时,树叶被碾碎后很

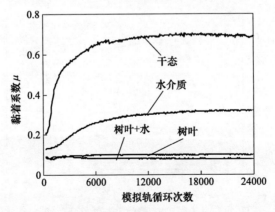

图 3.33　不同工况下轮轨黏着系数变化曲线($v=400\text{r/min}, T=25\text{t}, \lambda=2\%$)

快被甩出接触面,不易在表面残留,仅有树叶汁液,而此工况黏着系数最低,这也说明汁液是一种良好的润滑剂[42]。在树叶工况下则很容易在表面形成厚的叶浆,如图3.34(a)所示。在压缩区域,黏附层的硬度较高。树叶和水混合的工况,对黏着系数的影响与新鲜树叶相似,在试验过程中碾碎的树叶与水混合后,会在接触区域的外表面形成松软的黏附层,容易去除,但是在试样表面残留一层薄而硬且极难去除的黑色膏状物质,如图3.34(b)所示。

　　　　　(a) 树叶工况　　　　　　　　　　(b) 树叶+水工况

图 3.34　树叶与树叶加水工况下试样表面黏附层

3.3.3　树叶介质工况下轮轨黏着-蠕滑特性

　　图3.35所示的树叶介质工况下轮轨黏着-蠕滑曲线[11]与干态、水介质工况下的黏着曲线有较大差异。干态和水介质工况下的黏着曲线,都有一个明显的黏着峰值点,在峰值点左侧,黏着系数会随着蠕滑的增加而急剧增大;达到峰值点之后,随着蠕滑率继续上升,黏着系数不再继续增加而是开始出现下降趋势并逐渐趋于平稳。以上黏着系数的变化是与接触斑黏着区和滑移区的划分相联系的,在蠕滑率为零时,轮轨间的椭圆形接触斑整个都是黏着区,之后随着蠕滑率的增大,滑移

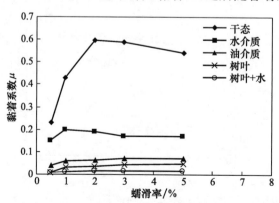

图 3.35　不同工况下轮轨黏着-蠕滑曲线[11]

区的面积迅速增大,直到在峰值点处整个接触斑都变成滑移区。而树叶介质工况下,黏着-蠕滑曲线变化非常平缓,很快便达到黏着峰值点,即整个接触斑变成了滑移区。尤其是在树叶加水工况下,图 3.35 中所示的轮轨黏着特性曲线未见明显的峰值点位置,可以推断在更小的蠕滑率下,其黏着系数便已达到了峰值点,即接触区已完全变成滑移区。

3.4　防冻液介质工况下轮轨黏着特性

冬季铁路煤炭运输的快速装车系统在向列车车皮装煤之前,必须向每节车皮喷洒防冻液,会有部分防冻液洒落在轮轨接触表面;在高寒环境下对钢轨进行超声波探伤时,一般会采用防冻液介质代替水介质直接涂洒在钢轨表面,探伤后防冻液仍会残留在钢轨表面。残留在钢轨表面的防冻液难以挥发,会对轮轨黏着造成一定的影响,然而国内外针对防冻液介质对轮轨黏着系数影响的研究还尚未涉及。

从图 3.36 中可以看出,干态工况下轮轨黏着系数保持在 0.38 左右,水介质工况和防冻液介质工况下轮轨黏着系数分别约为 0.1 和 0.06。这表明防冻液介质比水介质更容易引起轮轨的低黏着现象。这可能是因为防冻液介质比水介质的剪切系数小,防冻液介质在车轮和钢轨界面能起到更好的润滑效果,同时这也与防冻液介质工况下轮轨黏着系数波动较小是相对应的。

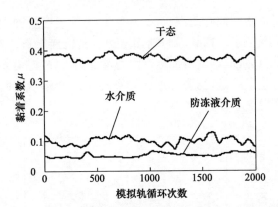

图 3.36　干态、水介质和防冻液介质工况下轮轨黏着系数变化曲线
($v=90\mathrm{km/h}, T=21\mathrm{t}, \lambda=1.5\%$)

图 3.37 示出了防冻液介质工况下不同坡度下的轮轨黏着系数。可以看出,平直轨道工况对应的轮轨黏着系数约为 0.11,60‰下坡道工况对应的轮轨黏着系数约为 0.03,60‰上坡道工况对应的轮轨黏着系数约为 0.05。这表明坡道工况的出现会直接引起轮轨黏着系数的降低,尤其是当防冻液介质同时存在时。

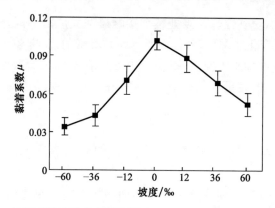

图 3.37　坡度对轮轨黏着系数的影响（$v=90$km/h，$T=21$t，$\lambda=1.5\%$）

　　图 3.38 为防冻液介质工况下速度对轮轨黏着系数的影响。从图 3.38(a)中可以看出，在防冻液介质工况下随速度从 60km/h 增加到 120km/h，轮轨黏着系数反而从 0.05 下降到 0.03 左右。从图 3.38(b)中可以看出，水介质工况下随速度的增加轮轨黏着系数也呈递减的趋势，其变化范围为 0.12～0.08。防冻液介质工况下，随速度增加轮轨黏着系数略微降低，且黏着系数波动不如水介质工况下剧烈〔见图 3.38(a)〕。随速度的增加轮轨黏着系数呈下降趋势，一个可能的解释是，随速度增加轮轨间会产生更大的动载荷，导致相对轴重的增加，从而引起轮轨黏着系数降低。

　　无论水介质还是防冻液介质存在时，轮轨黏着系数均随轴重的增加呈略微下降的趋势，如图 3.39 所示。这是因为轴重增加后轮轨接触斑面积增大，从而可以传递更大的切向牵引力，但轴重增加比牵引力增加更大，故黏着系数随轴重的增加呈下降趋势。值得注意的是，当防冻液介质存在时速度和轴重的变化对轮轨黏着系数的影响将会变得更小。

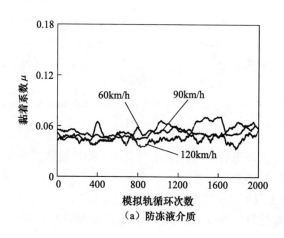

（a）防冻液介质

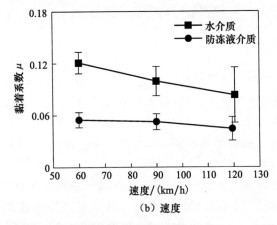

图 3.38　速度对轮轨黏着系数的影响($T=21t,\lambda=1.5\%$)

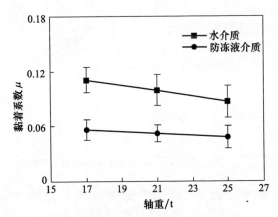

图 3.39　轴重对轮轨黏着系数的影响($v=90km/h,\lambda=1.5\%$)

3.5　小比例轮轨几何型面的轮轨黏着模拟试验

　　轮轨黏着实验室研究中最常用的方法便是基于 Hertz 模拟准则的双轮对滚试验,如 2.1 节中所述。试验中按照 Hertz 接触理论计算出试样的相关曲率半径,所需试验力等参数,使模拟试验中试样接触斑的长、短轴半径之比和轮轨间的最大接触应力与现场条件下相同。Hertz 模拟可以很好地模拟轮轨间的接触应力,但由于几何形状的差异,它不能模拟轮缘与钢轨侧面的接触条件,如轮缘的接触力与磨损等。

　　小比例轮轨几何型面模拟则是将车轮形状及钢轨截面根据实际轮轨型面尺寸缩小相同的倍数,由于其踏面形状、接触几何尺寸等都与现场相似,因此可以很好地产生轮缘接触工况,更好地模拟轮轨现场的接触条件。

3.5.1　试验方法简介

以往研究上述因素的模拟试验大都是基于 Hertz 模拟准则的双轮对滚试验,与现场中的轮轨型面差异较大,而现场试验又由于时间、成本及难以监控等原因不易开展,因此我们利用 JD-1 轮轨模拟试验机开展了系列小比例轮轨几何型面的轮轨黏着模拟试验,将试验结果与第 2 章相关试验进行对比,验证传统试验对模拟现场轮轨黏着的有效性。

该模拟试验同样在 JD-1 轮轨模拟试验机上进行,分别用直径 240mm 和 1030mm 的模拟轮模拟现场的车轮和钢轨。几何型面采用比例 1：4,分别模拟 LM 车轮踏面和 60kg/m 标准钢轨轨头,轨底坡 1：20,其几何尺寸如图 3.40 所示[30]。

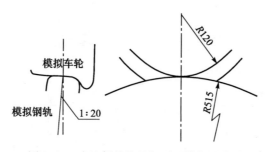

图 3.40　小比例轮轨几何型面模拟尺寸图

按照 Hertz 接触理论计算,试验中施加垂向力分别为 1400N、2000N 和 2500N,分别模拟 17t、21t 和 25t 轴重,最大接触应力为 1050MPa、1120MPa 和 1194MPa。试验模拟速度分别为 60km/h、90km/h 和 120km/h。开展了干态、水、油、树叶等多种工况下的轮轨黏着试验,以验证传统的双轮对滚试验结果是否与采用小比例轮轨几何型面模拟试验的结果存在差异。

3.5.2　干态工况下试验结果

干态工况下模拟试验主要围绕蠕滑率、速度以及横向力这三个方面进行。这三个影响因素是机车运行中最为常见的,也是需要频繁变动的运行参数,研究结果对车辆动力学设计、列车运行维护、铁路提速等方面具有重要意义。

图 3.41 为干态工况下轮轨黏着-蠕滑曲线。对比第 2 章中 Hertz 模拟试验得到的黏着特性曲线以及 Lewis 等[11,14]得到的试验结果可以看出,黏着系数随蠕滑率的变化规律基本相同,开始阶段黏着系数随着蠕滑率线性增加,且很快达到峰值点;之后随着蠕滑率增大,黏着系数不再增加并出现轻微的下降趋势。

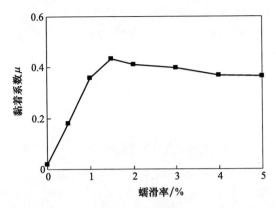

图 3.41　干态工况下轮轨黏着-蠕滑曲线($v=90$km/h, $T=17$t)

速度对轮轨黏着系数的影响如图 3.42 所示。随速度的上升黏着系数出现明显的下降趋势,速度由 60km/h 增加至 120km/h,黏着系数减小约 19.6%,这一结果同样与以往试验得到的规律一致,可以确定速度对黏着系数具有重要的影响。从上述试验结果分析可以看出,采用小比例轮轨几何型面模拟所得到的结果规律与传统的双轮对滚模拟试验所得到的规律基本一致,这表明了这两种模拟试验方法的有效性。小比例轮轨几何型面模拟中轮轨间的接触与现场中轮轨间的真实接触相近,其结果具有充分的说服力。

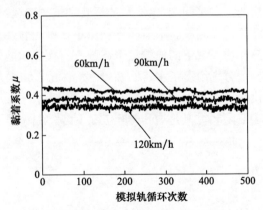

图 3.42　干态工况下不同速度的轮轨黏着系数变化曲线($T=17$t, $\lambda=1$%)

此外,利用小比例轮轨几何型面模拟还可以模拟现场列车运行中由横向力作用产生的轮缘贴靠工况。试验过程中,分别向模拟车轮施加 0N、100N 和 200N 的横向力而产生不同程度的轮缘贴靠,试验结果如图 3.43 所示。从图 3.43 中可以看出,横向力的存在可以使黏着系数增加,且施加 200N 横向力产生的黏着系数大于施加 100N 横向力时的值。随着横向力增加,轮轨黏着系数呈增加趋势,这主要是增加轮轨横向力加剧了钢轨侧面和轮缘之间的接触与摩擦力,进一步增加了轮轨纵向黏着力,从而引起轮轨黏着系数的增加。需要注意的是,横向力的存在会加剧轮缘和轨侧的磨损,并且当横向力超过限定值时,轮轨存在脱轨的风险。

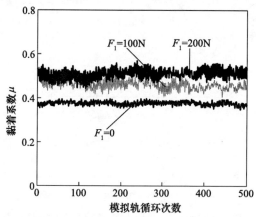

图 3.43　干态工况下不同横向力的轮轨黏着系数变化曲线(v＝90km/h,T＝17t,λ＝1%)

3.5.3　第三介质工况下试验结果

基于传统的双轮对滚模拟试验结果已经讨论了水、油、水油混合、树叶和防冻液等铁路运营中常见的几种第三介质对轮轨黏着特性的影响及规律。这些第三介质均会导致不同程度的低黏着问题,给铁路的运营和维护造成严重损失,成为目前国内外众多学者广泛关注的问题。本节同样利用小比例轮轨几何型面模拟试验对上述几类常见的第三介质工况下的轮轨黏着系数进行模拟试验研究。

图 3.44 和图 3.45 分别给出了水、油、树叶、水油混合和水与树叶混合工况下的轮轨黏着系数变化曲线。从图中可以看出,水、油、树叶等第三介质的存在均会使黏着系数出现大幅度下降,尤其是油和树叶工况下,黏着系数下降至 0.1 以下。水

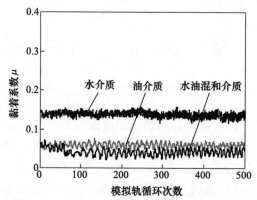

图 3.44　水介质、油介质和水油混合介质工况下轮轨黏着系数变化曲线(v＝90km/h,T＝17t,λ＝1%)

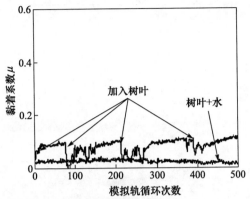

图 3.45　树叶与树叶加水工况下轮轨黏着系数变化曲线($v=90$km/h,$T=17$t,$\lambda=1\%$)

油混合以及水与树叶的混合会使黏着系数进一步下降,低于单独的油和树叶工况下的黏着系数。其中水与树叶混合的工况下会使黏着系数降至最低,约为 0.025。

　　以上各类第三介质均会造成轮轨低黏着现象,使黏着系数低于列车正常运行所需的黏着系数,造成车轮空转、打滑、制动距离过长等危害,需要及时通过撒砂等增黏手段提高轮轨界面的黏着水平。

　　上述结果与本章前几节中 Hertz 模拟试验中得到的结果基本一致。不同工况下轴重、速度、坡度等参数对黏着系数的影响在前几节中均有讨论,本节对此不再赘述,仅以水介质工况下的试验结果为例进行简要论述。

　　水介质工况下,速度、轴重对轮轨黏着系数的影响如图 3.46 所示。从图 3.46 中可以看出,黏着系数随着速度和轴重的增加而下降,与 3.1 节所得到的规律一致。其机理主要是轮轨界面间的水膜厚度会随着速度上升而增加,随着轴重的增加而变厚,水膜厚度的增加使轮轨接触区内发生接触的金属微凸体数量减少,而轮轨间的黏着主要依靠轮轨表面的金属微凸体相互接触产生的剪切作用提供,因此速度和轴重的增加使黏着系数出现下降趋势。

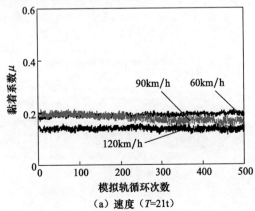

(a) 速度 ($T=21$t)

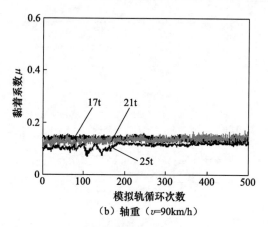

（b）轴重（$v=90$km/h）

图 3.46　水介质工况下速度和轴重对轮轨黏着系数的影响（$\lambda=1\%$）

　　由于小比例轮轨几何型面模拟具有与现场相似的踏面形状和接触几何尺寸，可以很好地模拟轮缘工况。利用这一特性研究了横向力对黏着系数的影响。在现场中，通常采用轮缘涂油的方式减轻列车通过曲线时由横向力作用产生的轮缘贴靠对曲线段钢轨造成的钢轨侧磨。轮缘和轨侧涂抹的润滑油，在车轮通过时很容易爬上车轮踏面和钢轨轨头，形成油介质污染，造成后续车轮通过时黏着系数降低。

　　图 3.47 为不同横向力作用和不同涂油方式的轮轨黏着系数变化。从图 3.47（a）中可以看出，在横向力为 100N 时，轮缘涂油后的黏着系数与干态工况下的黏着系数相比出现了大幅下降，但其黏着系数大于无横向力作用下的油介质工况黏着系数。此外，与干态工况下横向力对黏着系数的影响规律相似，轮缘涂油，横向力由 100N 增至 200N 时，黏着系数出现明显上升。图 3.47（b）给出了轮缘涂油和轮缘加踏面涂油两种不同涂油方式的黏着系数对比。从图 3.47（b）中可以看

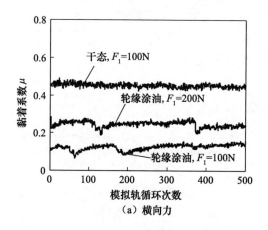

（a）横向力

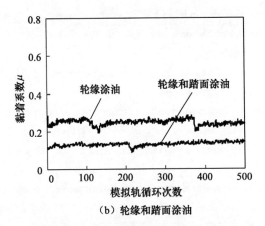

（b）轮缘和踏面涂油

图 3.47　不同涂油方式与横向力对轮轨黏着系数的影响（$v=90\text{km/h}, T=17\text{t}, \lambda=1\%$）

出,当踏面上涂油时,其黏着系数相比于单纯的轮缘涂油时明显偏低。综上所述,列车运行过程中油介质所造成的轮轨黏着系数急剧下降,主要是由润滑油出现在车轮踏面或轨顶面上所引起的。因此,在铁路曲线段的轨侧涂油和轮缘涂油时应尽量避免油出现在轨顶面与车轮踏面上,一旦油出现在轨顶面和车轮踏面上,应及时清除以避免低黏着的产生。

参 考 文 献

[1]　Zhang W H, Chen J Z, Wu X J, et al. Wheel/rail adhesion and analysis by using full scale roller rig. Wear, 2002, 253(1-2):82—88.

[2]　吴国栋,李碧波. 法国 TGV 的发展历史和技术特点. 国外铁道车辆, 2007, 44(1):1—4.

[3]　金学松,刘启跃. 轮轨摩擦学. 北京:中国铁道出版社, 2004.

[4]　Li Z, Arias-Cuevas O, Lewis R, et al. Rolling-sliding laboratory tests of friction modifiers in leaf contaminated wheel-rail contacts. Tribology Letters, 2009, 33(2):97—109.

[5]　张鸿斐,王文健,申鹏,等. 油介质条件下轮轨黏着特性试验研究. 中国铁道科学, 2012, 33 (4):65—68.

[6]　Beagley T M, McEwen I J, Pritchard C. Wheel/rail adhesion-boundary lubrication by oily fluids. Wear, 1975, 31(1):77—88.

[7]　Kumar S, Krishnamoorthy P K, Rao D L P. Wheel-rail wear and adhesion with and without sand for a North American locomotive. Journal of Engineering for Industry, 1986, 108(2): 141—147.

[8]　Baek K S. An experimental investigation of transient traction characteristics in rolling-sliding wheel/rail contacts under dry-wet conditions. Wear, 2007, 263(1-6):169—179.

[9]　Olofsson U, Sundvall K. Influence of leaf, humidity, and applied lubrication on friction in the wheel-rail contact: Pin-on-disc experiments. Proceedings of the Institution of Mechanical Engineers, Part F:Journal of Rail and Rapid Transit, 2004, 218(3):235—242.

[10] Olofsson U. A multi-layer model of low adhesion between railway wheel and rail. Proceedings of the Institution of Mechanical Engineers, Part F: Journal of Rail and Rapid Transit, 2007, 221(3): 385—389.

[11] Gallardo-Hernandez E A, Lewis R. Twin disc assessment of wheel/rail adhesion. Wear, 2008, 265(9-10): 1309—1316.

[12] Lewis S R, Lewis R, Olofesson U, et al. Effect of humidity, temperature and railhead contamination on the performance of friction modifiers: Pin-on-disk study//The 8th International Conference on Contact Mechanics and Wear of Rail/Wheel Systems(CM2009), Firenze, Italy, 2009.

[13] Lewis R, Masing J. Static wheel/rail contact isolation due to track contamination. Proceedings of the Institution of Mechanical Engineers, Part F: Journal of Rail and Rapid Transit, 2006, 220(1): 43—53.

[14] Lewis R, Gallardo-Hernandez E A, Hilton T, et al. Effect of oil and water mixtures on adhesion in the wheel/rail contact. Proceedings of the Institution of Mechanical Engineers, Part F: Journal of Rail and Rapid Transit, 2009, 223(3): 275—283.

[15] Ohyama T. Some basic studies on the influence of surface contamination on adhesion force between wheel and rail at high speeds. Railway Technical Research Institute Quarterly Reports, 1989, 30(3): 127—135.

[16] Ohyama T. Tribological studies on adhesion phenomena between wheel and rail at high speeds. Wear, 1991, 144(1-2): 263—275.

[17] Ohyama T, Nakano S. Influence of surface contamination on adhesion force between wheel and rail at high speeds-effects of friction coefficients and tangential rigidity on adhesion force. Journal of Japan Society of Lubrication Engineers, 1989, 10: 115—120.

[18] Chen H, Ban T, Ishida M, et al. Effect of water temperature on the adhesion between rail and wheel. Proceedings of the Institution of Mechanical Engineers, Part J: Journal of Engineering Tribology, 2006, 220(7): 571—579.

[19] Chen H, Ban T, Ishida M, et al. Experimental investigation of influential factors on adhesion between wheel and rail under wet conditions. Wear, 2008, 265(9-10): 1504—1511.

[20] Chen H, Ishida M, Nakahara T, et al. Estimation of wheel/rail adhesion coefficient under wet condition with measured boundary friction coefficient and real contact area. Wear, 2011, 271(1-2): 32—39.

[21] Zhu Y, Olofsson U, Persson K. Investigation of factors influencing wheel-rail adhesion using a mini-traction machine. Wear, 2012, 292-293: 218—231.

[22] Nagase K. A study of adhesion between the rails and running wheels on main lines: results of investigations by slipping adhesion test bogie. Proceedings of the Institution of Mechanical Engineers, Part F: Journal Rail and Rapid Transit, 1989, 203(1): 33—43.

[23] Lewis S R, Lewis R. An alternative method for assessment of railhead traction//The 8th International Conference on Contact Mechanics and Wear of Rail/Wheel Systems

(CM2009),Firenze,Italy,2009.

[24] Arias-Cuevas O. Low adhesion in the wheel-rail contact [PhD Thesis]. Delft:Delft University of Technology,2010.

[25] Cann P M. The "leaves on the line" problem:A study of leaf residue film formation and lubricity under laboratory test conditions. Tribology Letters,2006,24(2):151—158.

[26] Zhu Y,Olofsson U,Nilsson R. A field test study of leaf contamination on railhead surfaces. Proceedings of the Institution of Mechanical Engineers,Part F:Journal of Rail and Rapid Transit,2014,228(1):71—84.

[27] Wang W J,Shen P,Song J H,et al. Experimental study on adhesion behavior of wheel/rail under dry and water conditions. Wear,2011,271(9-10):2699—2705.

[28] Wang W J,Zhang H F,Liu Q Y,et al. Investigation on adhesion characteristic of wheel/rail under the magnetic field condition. Proceedings of the Institution of Mechanical Engineers,Part J:Journal of Engineering Tribology,2016,230(5):611—617.

[29] Wang W J,Wang H Y,Guo J,et al. Experimental investigation of adhesion coefficient of wheel/rail under the track ramp conditions. Proceedings of the Institution of Mechanical Engineers,Part J:Journal of Engineering Tribology,2014,228(7):808—815.

[30] Wang W J,Wang H,Wang H Y,et al. Sub-scale simulation and measurement of railroad wheel/rail adhesion under dry and wet conditions. Wear,2013,302(1-2):1461—1467.

[31] Wang W J,Zhang H F,Wang H Y,et al. Study on the adhesion behavior of wheel/rail under oil,water and sanding conditions. Wear,2011,271(9-10):2693—2698.

[32] Wang H,Wang W J,Liu Q Y. Numerical and experimental investigation on adhesion characteristic of wheel/rail under the third body condition. Proceedings of the Institution of Mechanical Engineers,Part J:Journal of Engineering Tribology,2016,230(1):111—118.

[33] Wang W J,Liu T F,Wang H Y,et al. Influence of friction modifiers on improving adhesion and surface damage of wheel/rail under low adhesion conditions. Tribology International,2014,75(5):16—23.

[34] 刘腾飞,王文健,郭火明,等. 不同介质对轮轨增黏与磨损特性影响. 摩擦学学报,2014,34(2):153—159.

[35] 刘腾飞,王文健,郭火明,等. 介质作用下轮轨增粘特性. 中国表面工程,2013,26(1):79—85.

[36] 宋建华,申鹏,王文健,等. 水介质条件下轮轨黏着特性试验研究. 中国铁道科学,2010,31(3):52—56.

[37] 申鹏,张鸿斐,曾庆飞,等. 油污染工况下轮轨黏着特性研究. 润滑与密封,2012,37(3):25—28.

[38] 王文健,汪洪,郭俊,等. 表面粗糙度对轮轨黏着特性影响. 中国矿业大学学报,2014,43(1):107—112.

[39] 申鹏,宋健华,王海洋,等. 环境条件对轮轨黏着特性影响的试验研究. 铁道学报. 2011,33(5):26—30.

[40]　申鹏. 轮轨黏着特性试验研究[博士学位论文]. 成都:西南交通大学,2012.

[41]　王文健,郭俊,刘启跃. 不同介质作用下轮轨粘着特性研究. 机械工程学报,2012,48(7): 100—104.

[42]　刘腾飞. 轮轨低粘着与增粘措施试验研究[硕士学位论文]. 成都:西南交通大学,2014.

[43]　王海洋,申鹏,刘启跃,等. 列车在平直道和上坡道运行时轮轨间的粘着特性. 机械工程材料,2013,37(5):88—91,96.

[44]　Poole W. Characteristics of railhead leaf contamination. Summary Report for the Rail Safety and Standards Board. London:Rail Safety and Standards Board. 2007.

第 4 章　轮轨黏着数值仿真研究

英国学者 Carter 于 1926 年在英国皇家学会上发表了"On the action of a loco-motive driving wheel"的论文[1],标志着轮轨滚动接触问题研究的正式开始。发展到目前为止,Kalker 基于数学规划法和弹性力学的余能变分原理完成的三维弹性体非 Hertz 滚动接触理论及 CONTACT 数值程序成为干态工况下轮轨滚动接触理论方面最完善的理论之一[2]。然而轮轨作为一个开放的运行系统,环境因素对轮轨界面黏着行为具有十分重要的影响,水、油污、落叶等第三介质都会对轮轨接触界面产生不同程度的润滑作用。在上述第三介质存在的情况下,传统的滚动接触理论将不再适用。当轮轨界面存在第三介质时,表面接触斑的形状和应力场及其分布都与干态接触工况不尽相同。当第三介质膜厚度较厚,足以将轮轨接触分离开时,轮轨界面处于全膜润滑状态;当第三介质膜厚不足以承担轮轨之间的全部载荷而将轮轨接触分离时,轮轨处于部分膜润滑状态。不管全膜润滑还是部分膜润滑,要解决这类问题都需要借助弹性流体动力润滑理论(弹流润滑理论)。

本章基于 Carter 的二维滚动接触理论和粗糙面间部分弹流理论,利用 Patir 和 Cheng 的平均层流模型,建立第三介质工况下的轮轨二维滚动接触数值模型,采用多重网格法对其进行求解,研究了滚动速度、轴重、表面粗糙度、车轮半径及第三介质黏度对轮轨黏着特性的影响[3]。利用 JD-1 轮轨模拟试验机进行了水介质和油介质工况下滚动速度和轴重对轮轨黏着系数影响的试验,将其试验结果与数值计算结果进行对比分析,从试验角度验证数值仿真模型的有效性和准确性[3]。

4.1　轮轨黏着数值仿真模型

4.1.1　基本理论

1926 年,英国学者 Carter[1]用两圆柱滚动接触的模型来模拟车轮和钢轨之间的滚动接触。当模拟钢轨的圆柱半径趋于无穷大时,车轮和钢轨间的关系可以简化成一个圆柱在一个无限半空间弹性体表面上的滚动,如图 4.1(a)所示。

图 4.1 中 P_w 是车轮的载荷,r_0 是车轮半径,v_0 是车轮滚动速度。接触斑的压力分布可由 Hertz 接触理论给出:

$$p_{x3} = p_0 \left(1 - \frac{x_1^2}{a^2} - \frac{x_2^2}{b^2} \right)^{\frac{1}{2}} \tag{4.1}$$

式中，a 和 b 分别是椭圆接触斑沿 x_1 和 x_2 方向的半轴长，如图 4.1(b)所示；p_0 是接触斑最大压力密度。用矩形面积 $2ab_0$ 代替狭长的椭圆 $C: \dfrac{x_1^2}{a^2} - \dfrac{x_2^2}{b^2} - 1 \leqslant 0$，如图 4.1(c)所示，这里 $b_0 = \dfrac{4}{3}b$。由于椭圆细长，即 $b \gg a$，p_{x3} 在 O 点附近随 x_2 的变化较小，在矩形块的接触斑中，可忽略 $\left(\dfrac{x_2}{b}\right)^2$ 对 p_{x3} 的影响，故式(4.1)可近似简化为

$$p_{x3} = \begin{cases} \dfrac{2P_w}{\pi ab_0}\left(1 - \dfrac{x_1^2}{a^2}\right)^{\frac{1}{2}}, & |x| \leqslant a \\ 0, & |x| > a \end{cases} \tag{4.2}$$

令 $P_z = P_w/b_0$ 为横向单位长度上的法向作用力，则式(4.2)可写为

$$p_{x3} = \begin{cases} \dfrac{2P_z}{\pi a}\left(1 - \dfrac{x_1^2}{a^2}\right)^{\frac{1}{2}}, & |x| \leqslant a \\ 0, & |x| > a \end{cases} \tag{4.3}$$

显然，p_{x3} 的分布是半椭圆。通常圆柱体所受横向单位长度法向载荷 P_z 为已知，Hertz 接触半宽 a 可由 Hertz 接触理论求出：

$$a = \left(\dfrac{8r_0 P_z}{\pi E}\right)^{\frac{1}{2}} \tag{4.4}$$

式中，E 为当量弹性模量，$\dfrac{1}{E} = \dfrac{1}{2}\left(\dfrac{1 - \nu_1^2}{E_1} + \dfrac{1 - \nu_2^2}{E_2}\right)$。

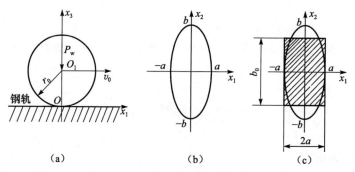

图 4.1　Carter 轮轨接触模型[3]

　　在考虑表面粗糙度的情况下，接触表面间的弹流润滑问题通常可以分为两种情况，一种是全膜润滑，即接触压力全部由润滑介质承担；另一种是部分弹流润滑，也称为边界润滑，此种工况下接触压力由接触区处于接触状态下的微凸峰与润滑介质共同承担[4]。

　　对于流体润滑问题的求解，常采用 Nvier-Stokes 方程或 Reynolds 方程（Reynolds 方程可由 Nvier-Stokes 方程导出）、流体连续性方程、润滑剂状态方程（密度方

程和黏度方程）以及表面弹性形变方程等。其中应用最广的是 Reynolds 方程及其在各种条件下的变形式[5]。

三维点接触情况下全膜润滑的 Reynolds 方程可表示为

$$\frac{\partial}{\partial x}\left(\frac{h^3}{12\eta}\frac{\partial p}{\partial x}\right) + \frac{\partial}{\partial y}\left(\frac{h^3}{12\eta}\frac{\partial p}{\partial y}\right) = v\frac{\partial h}{\partial x} + \frac{\partial h}{\partial t} \tag{4.5}$$

但 Reynolds 方程（4.5）是不便于直接进行求解的。因此，边界润滑问题中进行计算时通常采用 Patir 和 Cheng 简化了的平均流量模型：

$$\frac{\partial}{\partial x}\left(\phi_x\frac{h^3}{12\eta}\frac{\partial p}{\partial x}\right) + \frac{\partial}{\partial y}\left(\phi_y\frac{h^3}{12\eta}\frac{\partial p}{\partial y}\right) = v\frac{\partial h_T}{\partial x} + \frac{v_1-v_2}{2}\sigma\frac{\partial \phi_s}{\partial x} + \frac{\partial h_T}{\partial t} \tag{4.6}$$

式中，p 为流体动压力；h 为名义膜厚；h_T 为实际膜厚；η 为流体黏度；ϕ_x 和 ϕ_y 分别为 x 和 y 方向的压力流量因子；ϕ_s 为剪切流量因子。

h 和 h_T 的关系为

$$h_T = h + \delta_1 + \delta_2 = h + \delta \tag{4.7}$$

式中，δ_1 和 δ_2 为两表面的粗糙度高度，其值可正可负；δ 为两表面合成的粗糙度高度，$\delta = \delta_1 + \delta_2$，如图 4.2 所示。

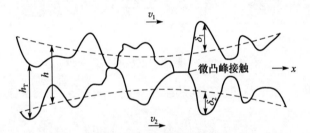

图 4.2　微凸体接触表面间的膜厚分布

ϕ_x 和 ϕ_y 分别是 x 和 y 两个方向上的压力流量因子，是粗糙表面之间平均压力流量与光滑表面之间压力流量的比值，与粗糙表面的纹理参数 γ 和 $\frac{h}{\sigma}$ 有关，可由 Patir 和 Cheng 经验公式求得：

$$\phi_x = \begin{cases} 1 - c\exp\left(\dfrac{-rh}{\sigma}\right), & \gamma \leqslant 1 \\ 1 + c\exp\left(\dfrac{h}{\sigma}\right)^{-r}, & \gamma > 1 \end{cases} \tag{4.8}$$

$$\phi_y\left(\frac{h}{\sigma}, \gamma\right) = \phi_x\left(\frac{h}{\sigma}, \frac{1}{\gamma}\right) \tag{4.9}$$

式中，σ 为两表面合成粗糙度均方差，$\sigma = \sqrt{\sigma_1^2 + \sigma_2^2}$，$\sigma_1$、$\sigma_2$ 分别为两表面的粗糙度均方差；c 和 r 可根据 γ 的值从表 4.1 中查得。γ 代表的是粗糙表面的纹理方向，可将它形象地看成表面具有代表性的微凸体峰的长宽比，如图 4.3 所示[6]。$\gamma > 1$ 时表示纵向纹理;$\gamma=1$ 时表示各向同性;$\gamma<1$ 时则表示横向纹理;图中虚线表示介质流动的方向。

表 4.1　c、r 常数值

γ	c	r	h/σ 的范围
1/9	1.48	0.42	>1
1/6	1.38	0.42	>1
1/3	1.18	0.42	>0.75
1	0.90	0.56	>0.5
3	0.225	1.5	>0.5
6	0.52	1.5	>0.5
9	0.87	1.5	>0.5

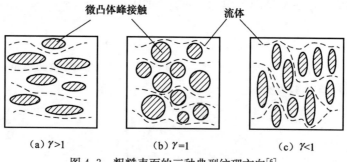

图 4.3　粗糙表面的三种典型纹理方向[6]

剪切流量因子 ϕ_s 也与粗糙表面的纹理参数 γ 和 $\dfrac{h}{\sigma}$ 有关,可表示为

$$\phi_s = \left(\frac{\sigma_1}{\sigma}\right)^2 \Phi_s\left(\frac{h}{\sigma}, \gamma_1\right) - \left(\frac{\sigma_2}{\sigma}\right)^2 \Phi_s\left(\frac{h}{\sigma}, \gamma_2\right) \tag{4.10}$$

式中,ϕ_s 为两个表面都粗糙时的剪切流量因子,当两个表面粗糙度相同时,ϕ_s 的值为 0;Φ_s 为一个表面粗糙、另一个表面光滑时的剪切流量因子。

$$\Phi_s\left(\frac{h}{\sigma}\right) = \begin{cases} A_1\left(\dfrac{h}{\sigma}\right)^{\alpha_1} \exp\left[-\alpha_2\dfrac{h}{\sigma} + \alpha_3\left(\dfrac{h}{\sigma}\right)^2\right], & \dfrac{h}{\sigma} \leqslant 5 \\ A_2 \exp\left(-0.25\dfrac{h}{\sigma}\right), & \dfrac{h}{\sigma} > 5 \end{cases} \tag{4.11}$$

式中,A_1、A_2、α_1、α_2 和 α_3 的取值与 γ 值有关,此处分别取 1.899、0.98、0.92、0.05 和 1.126。

名义膜厚 h 和实际膜厚 h_T 可由式(4.12)和式(4.13)求得

$$h(x,y) = h_0 + \frac{x^2 + y^2}{2R} - \frac{2}{\pi E} \iint\limits_A \frac{p(x',y') + p_a(x',y')}{\sqrt{(x-x')^2 + (y-y')^2}} \mathrm{d}x'\mathrm{d}y' \tag{4.12}$$

式中,h_0 为名义的中心膜厚;R 为当量半径;p 和 p_a 分别为平均的流体动压力和平均的微凸体峰接触压力;E 为当量弹性模量;A 为 p 和 p_a 的积分区间。

$$h_{\mathrm{T}} = \int_{-h}^{+\infty} (h+\delta) f(\delta) \mathrm{d}\delta = \frac{h}{2}\left[1 + \mathrm{erf}\left(\frac{h}{\sqrt{2}\sigma}\right)\right] + \frac{\sigma}{\sqrt{2\pi}}\exp\left(\frac{-h^2}{2\sigma^2}\right) \quad (4.13)$$

式中,椭圆积分 $\mathrm{erf}(x) = \dfrac{2}{\sqrt{\pi}}\displaystyle\int_0^x \mathrm{e}^{-\delta^2}\mathrm{d}\delta$ 。

等温条件下流体的黏压方程用 Roelands 关系式表示为

$$\eta = \eta_0 \exp\{(\ln\eta_0 + 9.67)[-1 + (1 + 5.1\times10^{-9} p)^{z_0}]\} \quad (4.14)$$

式中,η_0 为常温常压下润滑介质的黏性系数,$z_0 = \dfrac{\alpha}{5.1\times10^{-9}(\ln\eta_0 + 9.67)}$, $\alpha = 2.19\times10^{-8}\mathrm{Pa}^{-1}$。

根据 Greenwood 等[7]的计算方法,微凸体峰接触压力 p_{a} 可由式(4.15)计算得到

$$p_{\mathrm{a}} = kEF_{\frac{5}{2}}\left(\frac{h}{\sigma}\right) \quad (4.15)$$

式中,E 为当量弹性模量;k 和 $F_{\frac{5}{2}}\left(\dfrac{h}{\sigma}\right)$ 分别由式(4.16)和式(4.17)求得

$$k = \frac{8\sqrt{2}}{15}\pi(n\beta\sigma)^2\sqrt{\frac{\sigma}{\beta}} \quad (4.16)$$

$$F_{\frac{5}{2}}\left(\frac{h}{\sigma}\right) = \int_{\frac{h}{\sigma}}^{\infty}\left(s - \frac{h}{\sigma}\right)^{\frac{5}{2}} f(s)\mathrm{d}s \quad (4.17)$$

式中,n 为单位面积的微凸体峰数;β 是微凸体峰的平均曲率半径;$f(s)$ 是粗糙度高度的概率密度函数,根据 Patir 等[8]建议,由 Gauss 高度分布导出

$$f(s) = \frac{1}{4\sqrt{2\pi}}\left[1 + \mathrm{erf}\left(\frac{s}{2}\right)\right]^2 \exp\left(-\frac{s^2}{2}\right) \quad (4.18)$$

但是由于积分形式的函数 $f(s)$ 在数值计算中相当麻烦,因此他们建议采用以下相当接近的拟合公式求解:

$$F\left(\frac{h}{\sigma}\right) = \begin{cases} 4.4086\times10^{-5}\left(4 - \dfrac{h}{\sigma}\right)^{6.804}, & \dfrac{h}{\sigma} < 4 \\ 0, & \dfrac{h}{\sigma} \geqslant 4 \end{cases} \quad (4.19)$$

当 $\dfrac{\sigma}{\beta}$ 在 0.0001~0.01 变化时,k 值取值介于 0.0003~0.003。

4.1.2　基本方程及处理

第三介质存在时轮轨接触区的压力分布与干态工况大不相同。受轮轨表面粗糙度、接触载荷等因素的影响,在油介质工况下轮轨接触通常处于部分膜润滑状态,因此要对这类问题进行数值模拟需要借用部分弹流理论。图 4.4 为介质工况下轮轨微凸体接触示意图。

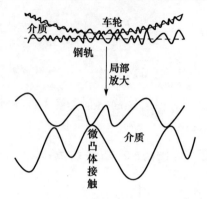

图 4.4　介质工况下轮轨微凸体接触示意图

对于考虑表面粗糙度条件下的轮轨滚动接触问题,在二维情况下基于 Carter 的二维滚动接触理论和部分弹流理论通常需做如下假设[9]:

(1) 轮轨之间为 Hertz 滚动接触,不考虑端泄效应。

(2) 轮轨表面粗糙峰服从标准正态分布。

(3) 轮轨第三介质为等温不可压缩黏性流体,因此不考虑密压效应影响。

(4) 忽略温度对黏度的影响作用。

根据 Patir 等[8]的平均流量模型,边界润滑情况下轮轨接触表面的 Reynolds 方程可表示为

$$\frac{\mathrm{d}}{\mathrm{d}x}\left(\phi_x \frac{h^3}{12\eta}\frac{\mathrm{d}p}{\mathrm{d}x}\right) = v\frac{\mathrm{d}h_\mathrm{T}}{\mathrm{d}x} + \Delta v\sigma\frac{\mathrm{d}\phi_\mathrm{s}}{\mathrm{d}x} \tag{4.20}$$

式中,x_in 为计算起点坐标;x_out 为计算终点坐标;p 为油膜平均流体动压力,当 $x=x_\mathrm{in}$ 时,$p=0$;当 $x=x_\mathrm{out}$ 时,$p=\dfrac{\mathrm{d}p}{\mathrm{d}x}=0$;$v=\dfrac{v_1+v_2}{2}$,$\Delta v=\dfrac{v_1-v_2}{2}$,其中 v_1、v_2 分别为车轮和钢轨的速度;η 为油的黏度系数;h 为名义膜厚,h_T 为实际膜厚;ϕ_s 为剪切流量因子;ϕ_x 为 x 方向上的压力流量因子。

ϕ_x 可由经验公式求得[见式(4.8)],剪切流量因子 ϕ_s 的值可由式(4.10)计算而得,轮轨之间的名义油膜厚度 h 表示为

$$h(x) = h_{00} + \frac{x^2}{2R} - \frac{2}{\pi E}\int_{x_\mathrm{in}}^{x_\mathrm{out}}(p+p_\mathrm{a})\ln(x-s)^2\,\mathrm{d}s \tag{4.21}$$

式中,h_{00} 是油膜的名义中心膜厚,需在计算中加以修正;R 为当量半径,$R=\dfrac{r_1+r_2}{r_1 r_2}$;$p$ 和 p_a 分别为平均的油膜动压力和平均的微凸峰接触压力;E 为当量弹性模量,$\dfrac{1}{E}=\dfrac{1}{2}\left(\dfrac{1-\nu_1^2}{E_1}+\dfrac{1-\nu_2^2}{E_2}\right)$,$E_1$、$E_2$、$\nu_1$、$\nu_2$ 分别为轮、轨的弹性模量和泊松比;平均微凸峰接触压力 p_a 可由式(4.15)计算得到。

在介质工况下,考虑表面粗糙时,车轮和钢轨通常处于边界润滑状态,轮轨之间的接触总载荷由接触区处于接触状态下的微凸峰与流体膜共同承担。设流体膜承受的载荷为 W_e,微凸体峰承担的载荷为 W_a,则总载荷 W 为

$$W = W_e + W_a \qquad (4.22)$$

式中,$W_e = \int_{x_{in}}^{x_{out}} p \, dx; W_a = \int_{x_{in}}^{x_{out}} p_a \, dx$。

在求出油膜的流体动压力和微凸峰接触所承担的载荷 W_e 和 W_a 后,总的摩擦力 F(黏着力)可表示为

$$F = \mu_e W_e + \mu_a W_a \qquad (4.23)$$

式中,μ_e 和 μ_a 分别是油膜动压力摩擦系数和微凸体峰接触摩擦系数。μ_e 很小,μ_a 值一般可由试验得到,通常取 $0.1 \sim 0.2$。微凸体峰接触的摩擦一般在 $\frac{h}{\sigma} < 2$ 时才显著。

通过上述公式推导,轮轨界面的黏着系数可表示为

$$\mu = \frac{F}{W} = \frac{\mu_e W_e + \mu_a W_a}{W} \qquad (4.24)$$

为了减少仿真运算过程中参数过多带来的烦琐,加快运算速度,增强程序的稳定性和可靠性,对计算方程进行了无量纲处理。选择 Hertz 接触区的半宽 $a = \sqrt{\frac{8WR}{\pi E}}$、最大 Hertz 接触压力 $p_H = \frac{2W}{\pi a} = \sqrt{\frac{WE}{2\pi R}} = \frac{Ea}{4R}$ 及中心膜厚 $h_0 = \frac{a^2}{R}$ 作为无量纲参考量对参数做无量纲处理。

$$X = \frac{x}{a}; P = \frac{p}{p_H}, P_a = \frac{p_a}{p_H}, H = \frac{h}{h_0}, H_T = \frac{h_T}{h_0}, H_{00} = \frac{h_{00}}{h_0}; \bar{\sigma} = \frac{\sigma}{h_0};$$

$$\bar{\eta} = \frac{\eta}{\eta_0}; \bar{G} = \alpha E; \bar{W} = \frac{W}{ER}; \bar{V} = \frac{\eta_0 v}{ER}; \Delta \bar{V} = \frac{\eta_0 \Delta v}{ER}$$

无量纲化后的载荷方程、Reynolds 方程、膜厚方程和黏度方程分别如下。

载荷方程:

$$\int_{X_{in}}^{X_{out}} (P + P_a) \, dX = \frac{\pi}{2} \qquad (4.25)$$

Reynolds 方程:

$$\frac{d}{dX}\left(\varepsilon \frac{dP}{dX}\right) = \bar{V} \frac{dH_T}{dX} + \Delta \bar{V} \bar{\sigma} \frac{d\phi_s}{dX} \qquad (4.26)$$

式中,$\varepsilon = \phi_x \frac{4\bar{W}^2 H^3}{3\pi^2 \bar{\eta}}$。

膜厚方程:

$$H(X) = H_{00} + \frac{X^2}{2} - \frac{1}{2\pi} \int_{X_{\text{in}}}^{X_{\text{out}}} [P(\bar{s}) + P_a(\bar{s})] \ln(X - \bar{s})^2 \mathrm{d}\bar{s} \qquad (4.27)$$

黏度方程：

$$\bar{\eta} = \exp\{(\ln\eta_0 + 9.67)[-1 + (1 + 5.1 \times 10^{-9} Pp_{\mathrm{H}})^{z_0}]\} \qquad (4.28)$$

由于黏度方程本身是线性的，因此只需对载荷方程、Reynolds 方程和膜厚方程进行离散处理。采用向前差分和中心差分[10]离散后得到的方程分别如下。

载荷方程：

$$\Delta X \sum_{j=0}^{n-1} \frac{P_j + P_{j+1} + (P_a)_j + (P_a)_{j+1}}{2} = \frac{\pi}{2} \qquad (4.29)$$

Reynolds 方程：

$$\frac{1}{\Delta X^2} [\varepsilon_{i-\frac{1}{2}} P_{i-1} - (\varepsilon_{i-\frac{1}{2}} + \varepsilon_{i+\frac{1}{2}}) P_i + \varepsilon_{i+\frac{1}{2}} P_{i+1}] - \frac{1}{\Delta X} \{\overline{V}[(H_{\mathrm{T}})_i - (H_{\mathrm{T}})_{i-1}]$$

$$+ \Delta \overline{V}\overline{\sigma}[(\bar{\phi}_s)_i - (\bar{\phi}_s)_{i-1}]\} = 0, \quad i = 1, 2, \cdots, n-1 \qquad (4.30)$$

膜厚方程：

$$H_i = H_{00} + \frac{X_i^2}{2} - \frac{1}{\pi} \sum_{j=0}^{n} K_{i,j}[P_j + (P_a)_j], \quad i = 0, 1, \cdots, n \qquad (4.31)$$

式中，

$$H_{00} = 1.6 G^{0.6} V^{0.7} W^{-0.13} R + \frac{1}{4} + \frac{1}{2}\ln 2 \qquad (4.32)$$

$$K_{i,j} = \left(i - j + \frac{1}{2}\right) \Delta X \left[\ln\left(\left|i - j + \frac{1}{2}\right| \Delta X\right) - 1\right] - \left(i - j + \frac{1}{2}\right) \Delta X$$

$$\cdot \left[\ln\left(\left|i - j + \frac{1}{2}\right| \Delta X\right) - 1\right] \qquad (4.33)$$

众所周知，多重网格法主要是用迭代法来求解大型代数方程组。用迭代方法解代数方程组时，迭代偏差可以分解为多种频率的偏差分量，其中高频分量在稠密的网格上可以很快地消除，而低频分量只有在稀疏网格上才能消除。多重网格法就是将求解区间划分成粗细不同的多层网格，通过光滑和延拓使高频偏差分量在细网格上消除，低频偏差分量在粗网格上消除[11]，最大限度地减少运算量，通过反复迭代得到满足精度要求的最优解。运用多重网格法对非线性方程进行求解时，只有在最细层网格上才能直接对离散后的方程进行求解而在其他层上只能对原方程的缺陷方程进行求解。因此，在求解之前必须求出方程的缺陷方程。本研究中载荷方程、Reynolds 方程和膜厚方程的缺陷方程分别表示如下。

载荷方程的缺陷方程的离散形式：

$$\Delta X^k \sum_{j=0}^{n^{k-1}-1} \frac{P_j^k + P_{j+1}^k + (P_a^k)_j + (P_a^k)_{j+1}}{2} = g^k \qquad (4.34)$$

式中,当在最细层网格时 g^k 等于 $\dfrac{\pi}{2}$,在其余层上 g^k 是由上一层网格上压力的近似解决定的,与本层网格上压力的计算过程或结果无关,即

$$g^{k-1} = \Delta X^{k-1} \sum_{j=0}^{n^{k-1}-1} \frac{(I_k^{k-1}\widetilde{P}^k)_j + (I_k^{k-1}\widetilde{P}^k)_{j+1} + (I_k^{k-1}\widetilde{P}_a^k)_j + (I_k^{k-1}\widetilde{P}_a^k)_{j+1}}{2}$$

$$+ g^k - \Delta X^k \sum_{j=0}^{n^k-1} \frac{\widetilde{P}_j^k + \widetilde{P}_{j+1}^k + (\widetilde{P}_a^k)_j + (\widetilde{P}_a^k)_{j+1}}{2} \tag{4.35}$$

无量纲 Reynolds 方程的缺陷方程离散表示为

$$\frac{1}{(\Delta X^k)^2} \left[\varepsilon_{i-\frac{1}{2}}^k P_{i-1}^k - (\varepsilon_{i-\frac{1}{2}}^k + \varepsilon_{i+\frac{1}{2}}^k) P_i^k + \varepsilon_{i+\frac{1}{2}}^k P_{i+1}^k \right]$$

$$- \frac{1}{\Delta X^k} \left\{ \overline{V}[(H_T)_i^k - (H_T)_{i-1}^k] + \Delta\overline{V}\sigma[(\overline{\phi}_s)_i^k - (\overline{\phi}_s)_{i-1}^k] \right\} = F_i^k, \quad i=1,2,\cdots,n-1 \tag{4.36}$$

无量纲膜厚方程的缺陷方程为

$$L_i^k H_i^k = H_i^k - H_{00} - \frac{X_i}{2} + \frac{1}{\pi} \sum_{j=0}^{n^k} K_{i,j}^k [P_j^k + (P_a)_j^k] = f_i^k, \quad i=0,1,\cdots,n \tag{4.37}$$

式中,右端函数 f_i^k 是从上一层网格的结果传递下来的,在本层网格上保持不变,并且在最细层网格上,$f_i^k=0$。将离散的膜厚方程代入式(4.37)可得

$$f_i^{k-1} = (I_k^{k-1}H^k)_i - H_{00} - \frac{\overline{x}_i^2}{2} + \frac{1}{\pi} \sum_{j=0}^{n^{k-1}} K_{i,j}^{k-1} [(I_k^{k-1}\widetilde{P}^k)_j + (I_k^{k-1}\widetilde{P}_a^k)_j], \quad i=0,1,\cdots n \tag{4.38}$$

在任何一层网格上,无量纲节点膜厚均可由式(4.39)计算得到:

$$H_i^k = H_{00} + \frac{X_i^2}{2} - \frac{1}{\pi} \sum_{j=0}^{n^k} K_{i,j}^k [\widetilde{P}_j^k + (\widetilde{P}_a^k)_j] + f_i^k, \quad i=0,1,\cdots,n \tag{4.39}$$

应用多重网格法对轮轨黏着问题进行迭代计算时,以往的算法是对 Reynolds 方程和膜厚方程同时进行迭代,然后通过运算求出流体动压力 P、微凸体接触压力 P_a 以及膜厚 h 分布。然而,通过对上述 Reynolds 方程、膜厚方程等进行分析可知,膜厚方程是流体压力函数,不是独立方程,因此在迭代过程中只需对 Reynolds 方程进行迭代,然后将 P、P_a 值代入膜厚方程进行求解即可,这样可以大大降低运算量,提高程序的运行速度。因此在误差容许范围内为了提高运算速度,运算时只对 Reynolds 方程进行迭代[12,13]。

采用多重网格法计算时,因松弛方法在各层网格上是通用的,所以松弛迭代过程中式(4.38)左半部分可以写为

$$L_i P = \frac{1}{\Delta X^2} \left[\varepsilon_{i-\frac{1}{2}} P_{i-1} - (\varepsilon_{i-\frac{1}{2}} + \varepsilon_{i+\frac{1}{2}}) P_i + \varepsilon_{i+\frac{1}{2}} P_{i+1} \right]$$
$$- \frac{1}{\Delta X} \{ \overline{V} [(H_T)_i - (H_T)_{i-1}] + \Delta \overline{V} \overline{\sigma} [(\overline{\phi}_s)_i - (\overline{\phi}_s)_{i-1}] \}, \quad i = 1, 2, \cdots, n-1$$

$$(4.40)$$

压力方程组的第 i 个方程可写为

$$L_i(P_1, P_2, \cdots, P_i, \cdots, P_{n-1}) = F_i \tag{4.41}$$

在给出流体动压力的初值 P 和微凸体接触压力初始值 P_a 后,将 P 和 P_a 值代入式(4.14)和式(4.31)可算出本层网格全部节点上的黏度和膜厚,进而算出 ε 的全部节点函数值,即可从 $i=1$ 节点开始,按顺序逐个节点实施 Guass-Seidel 松弛迭代,得到流体动压力近似解 $\widetilde{P}$,进而可求出微凸体接触压力的近似解 $\widetilde{P}_a$。

迭代格式可用局部线性化方法来得出,局部线性化的想法是:在松弛第 i 个方程时,在全部节点压力的初值中,只需对第 i 个节点的压力值给定一个初始修正量 δ_i,即可达到减小亏损量的目的。松弛迭代的目的是使各个节点上的亏损量都逐渐减小并最终消失。因此构造 Guass-Seidel 迭代格式时可由以下方程构建:

$$L_i(\overline{P}_1, \overline{P}_2, \cdots, \overline{P}_i + \delta_i, \cdots, \overline{P}_{n-1}) = F_i \tag{4.42}$$

对式(4.44)局部线性化可得

$$L_i \overline{P} + \frac{\partial L_i}{\partial p_i} \delta_i = F_i \tag{4.43}$$

由式(4.45)可得

$$\delta_i = \left(\frac{\partial L_i}{\partial p_i} \right)^{-1} r_i \tag{4.44}$$

$$r_i = F_i - \frac{1}{\Delta X^2} \left[\varepsilon_{i-\frac{1}{2}} \widetilde{P}_{i-1} - (\varepsilon_{i-\frac{1}{2}} + \varepsilon_{i+\frac{1}{2}}) \overline{P}_i + \varepsilon_{i+\frac{1}{2}} \overline{P}_{i+1} \right]$$
$$- \frac{1}{\Delta X} \{ \overline{V} [(H_T)_i - (H_T)_{i-1}] + \Delta \overline{V} \overline{\sigma} [(\overline{\phi}_s)_i - (\overline{\phi}_s)_{i-1}] \}, \quad i = 1, 2, \cdots, n-1$$

$$(4.45)$$

式中,$\overline{P}_i$ 和 $\overline{P}_{i+1}$ 用的是迭代初值,而 $\widetilde{P}_{i-1}$ 用的是在前一个节点迭代中刚刚得到的新值。$\widetilde{P}_i$ 的新值由以下低松弛方法得到:

$$\widetilde{P}_i = \overline{P}_i + \omega_1 \delta_i \tag{4.46}$$

式中,ω_1 为低松弛因子,取值范围为 $0.2 \sim 1.0$。

在最底层网格上,载荷的缺陷方程为

$$\Delta X^1 \sum_{j=0}^{n^1-1} \frac{\widetilde{P}_j^1 + \widetilde{P}_{j+1}^1 + (\widetilde{P}_a^1)_j + (\widetilde{P}_a^1)_{j+1}}{2} = g^1 \tag{4.47}$$

如果左边项大于 g^1,则说明油膜太薄而导致压力的总体水平过高,因此 H_{00} 应向上

调整,反之亦然。因此可构造出如下修正公式:

$$H_{00} = \tilde{H}_{00} + \omega_2 \left[\Delta X^1 \sum_{j=0}^{n^1-1} \frac{\tilde{P}_j^1 + \tilde{P}_{j+1}^1 + (\tilde{P}_a^1)_j + (\tilde{P}_a^1)_{j+1}}{2} - g^1 \right] \quad (4.48)$$

式中,$\tilde{H}_{00}$ 为修正前的数值;ω_2 为松弛因子;对于重载荷接触,ω_2 很小,如 0.02;对于轻载接触,ω_2 取值较大,如 0.5 或更大。

　　V 或 W 循环是目前采用多重网格法求解时比较常用的两个循环过程,其本质是利用限制和延拓方法,在各层网格上对偏微分方程进行光滑处理,通过有限次松弛迭代,获得收敛解。本章研究数值分析过程中采用 V 循环进行编程,具体迭代过程如图 4.5 所示。

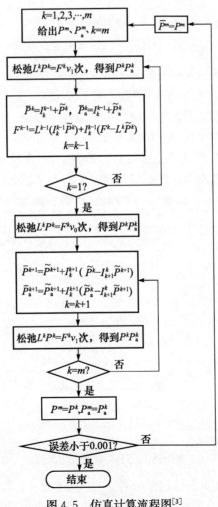

图 4.5　仿真计算流程图[3]

4.2　油介质工况下轮轨黏着仿真

在油介质工况下运用部分弹流数值模型,分析了流体动压力 P、微凸体接触压力 P_a 及膜厚 H 的分布情况,仿真过程中的具体参数如表 4.2 所示。

表 4.2　油介质工况下仿真参数

仿真参数	符号	数值
车轮半径	r	0.45m
载荷	W	$8 \times 10^6 \mathrm{N/m}$
轮轨的弹性模量	E_1	$2.1 \times 10^{11} \mathrm{Pa}$
速度	v	120km/h
粗糙度均方差	$\sigma_1 、 \sigma_2$	$1 \times 10^{-5} \mathrm{m}$
表面纹理参数	γ	1
泊松比	$\nu_1 、 \nu_2$	0.3
黏度	η_0	0.04
介质粗糙度参数	K	0.003

图 4.6 给出了表 4.2 仿真参数下数值计算所得的 Hertz 接触压力、无量纲流体动压力 P、无量纲微凸体接触压力 P_a 及无量纲膜厚 H 的分布情况。从图 4.6 中可以看出,油介质工况下轮轨接触区要比干态工况下 Hertz 接触时的接触区宽,约为 1.5 倍,流体动压力 P 比 Hertz 接触压力要小,且在接触区出口区域附近出现一个二次压力峰,同时在出口区域附近膜厚 H 呈现出缩颈现象,膜厚出现最小值,在对应区域微凸体接触压力呈现出一个峰值,这属于典型的弹流润滑现象。

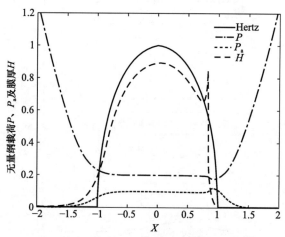

图 4.6　油介质工况下无量纲压力及膜厚分布

从式(4.22)可知,在微凸体接触条件下,轮轨接触区的载荷由油膜和处于接触状态的微凸体共同承担。而在讨论黏着系数时,由于油介质的抗剪切系数很小,因此影响黏着系数的主要是微凸体接触部分所承载的载荷。而表面粗糙度不同,微凸体接触所承载的压力相差很大,因此分析接触表面的粗糙度对轮轨黏着系数的影响是十分必要的。图 4.7 给出了滚动速度 120km/h 工况下轮轨黏着系数与油介质膜厚随表面粗糙度的变化关系曲线。从图 4.7 中可以看出,随表面粗糙度的增加,轮轨黏着系数逐渐增加,车轮和钢轨间的油膜厚度也是逐渐增加的。虽然表面粗糙度的增加导致了膜厚的增加,但是通过黏着系数变化曲线可以看出,表面粗糙度的改变对轮轨表面接触状态的影响要大于对油膜厚度的影响,会使接触斑的微凸体接触增加。因此,随着表面粗糙度的增加,微凸体接触所承载的压力逐渐增大,轮轨黏着系数逐渐增大。在表面粗糙度为 $4\mu m$ 时黏着系数已经很小,只有 0.001。事实上在 120km/h 的情况下当表面粗糙度小于 $1\mu m$ 时微凸体承担的载荷将为零,这表明已处于全膜润滑状态。

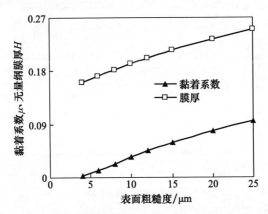

图 4.7　表面粗糙度与轮轨黏着系数和膜厚的关系

当表面粗糙度很小时,轮轨黏着系数很小。事实上,当表面粗糙度在 10^{-7} 数量级,速度超过 60km/h 时,轮轨接触处于全膜润滑状态。因此在研究速度影响时,为了方便分析,将表面粗糙度设为 $10\mu m$。图 4.8 给出了速度对黏着系数和油介质膜厚的影响。随着速度的增加黏着系数逐渐降低,油膜厚度逐渐增加。这与以往试验得出的变化趋势是吻合的。速度的改变不会对轮轨接触表面的粗糙度纹理造成影响,而从部分弹流润滑理论可知,油膜厚度会随相对速度的增大而增大。随着膜厚的增加接触区域内处于接触状态的微凸体必然减少,而黏着力主要来源于处于接触状态的微凸体所承载的载荷。

图 4.9 给出了轮轨黏着系数随载荷的变化关系。随着载荷增加,黏着系数呈现逐渐降低的趋势。这可从弹流方向给出解释,由于随着轴重的增加油膜承担的载荷增加,虽然微凸体承担的载荷在数值上有所增加,但是 P_a/P 值是降低的,而影响黏着系数的主要是微凸体承担的载荷比,因此轮轨黏着系数降低。

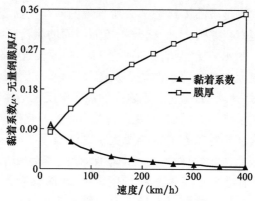

图 4.8　速度与轮轨黏着系数和膜厚的关系

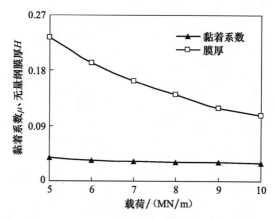

图 4.9　轴重与轮轨黏着系数和膜厚的关系

4.3　水介质和油介质工况下轮轨黏着仿真对比

通常情况下轮轨表面均处于大气环境,遇上下雨、大雾等天气时轮轨表面都会有水膜形成,因此研究水介质工况下的轮轨黏着系数变化是十分必要的。表 4.3 给出了水介质工况下轮轨黏着的仿真计算参数。

图 4.10 给出了水介质工况下无量纲流体动压力 P、微凸体接触压力 P_a 及膜厚 H 的分布情况。可以看出,水介质工况下的分布情况与油介质的总体趋势是一致的,均呈现典型的弹流润滑现象,所不同的是水介质工况下接触区膜厚的值降至 0.1 以下,明显低于油介质工况下的膜厚,这主要是由水与油的黏度不同所造成的。通常情况下水的黏度数量级为 $10^{-3}\mathrm{Pa \cdot s}$,而油的黏度数量级为 $10^{-2}\mathrm{Pa \cdot s}$。

表 4.3　水介质工况下模拟参数

仿真参数	符号	数值
车轮半径	r	0.45m
载荷	W	$5 \times 10^6 \mathrm{N/m}$
轮轨的弹性模量	E_1	$2.1 \times 10^{11} \mathrm{Pa}$
速度	v	200km/h
粗糙度均方差	$\sigma_1 、 \sigma_2$	$5 \times 10^{-6} \mathrm{m}$
表面纹理参数	γ	1
泊松比	$\nu_1 、 \nu_2$	0.3
黏度	η_0	0.0015Pa·s
介质粗糙度参数	K	0.001

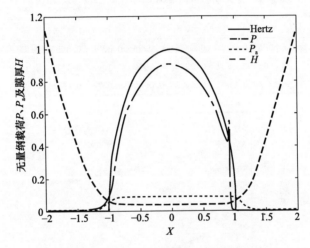

图 4.10　水介质工况下无量纲压力及膜厚分布

　　本节在水介质和油介质工况下对比分析轮轨表面粗糙度、轴重、滚动速度及轮径对轮轨黏着系数的影响及规律,研究轮轨黏着系数随介质黏度的变化关系。

　　图 4.11 为滚动速度为 120km/h、接触载荷为 6MN/m 时,水介质和油介质工况下轮轨表面粗糙度与黏着系数的关系。总体来看,水介质和油介质工况下轮轨黏着系数均随表面粗糙度的增加而上升,变化趋势一致,区别只表现在数值大小上。

　　从表 4.4 中可以看出:两种工况下轮轨黏着系数差值具有较好的规律性,数值呈现出明显的递减趋势;且差值几乎为 0.06~0.07。图 4.12 是在表面粗糙度为 $10\mu\mathrm{m}$、接触载荷为 5MN/m 时,水介质和油介质工况下轮轨黏着系数与滚动速度的关系曲线。不管在水介质工况下还是在油介质工况下,黏着系数均随滚动速度

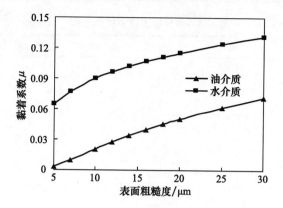

图 4.11　水介质和油介质工况下表面粗糙度对轮轨黏着系数的影响

表 4.4　水介质和油介质工况下轮轨黏着系数的差值

粗糙度/μm	5	7	10	12	14	16	18	20	25	30
油介质	0.0031	0.0096	0.0205	0.0275	0.0339	0.0398	0.0453	0.0504	0.0617	0.0714
水介质	0.0647	0.0769	0.0897	0.0963	0.1019	0.1068	0.1112	0.1152	0.1239	0.1313
差值	0.0616	0.0673	0.0692	0.0688	0.0680	0.0670	0.0659	0.0648	0.0622	0.0599

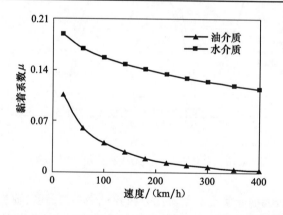

图 4.12　水介质和油介质工况下速度对轮轨黏着系数的影响

的增加而降低,且随速度的增加轮轨黏着系数的降幅是逐渐减小的,尤其是油介质工况下当速度低于 100km/h 时,曲线下降特别厉害。这也可以从部分弹流润滑的角度做简要分析。从图 4.8 可知,介质膜厚随滚动速度的增加而增加,粗糙度高度的概率密度没有变化,因此速度较高时接触斑内微凸体接触面积要比低速时小。此时,在速度改变量相同的情况下所引起的微凸体接触面积的变化率要比低速时小,因此黏着系数变化率变小。图 3.7 和图 3.22 中的高速轮轨黏着试验结果也验证了速度对黏着系数的影响规律。

　　图 4.13 为相同参数水介质和油介质工况下轴重对轮轨黏着系数的影响。由图可知,两种介质工况下轮轨黏着系数随轴重的变化趋势是一致的,虽然轴重对黏着系数的影响不大,但是随轴重的增加图中的曲线也反映出一种逐渐降低的趋势。而且在相同工况参数时,水介质工况下的黏着系数要比油介质工况下大得多。

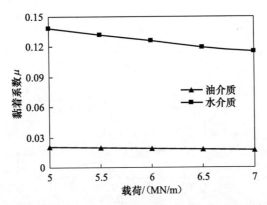

图 4.13　水介质和油介质工况下轴重对轮轨黏着系数的影响

　　从 Hertz 接触理论中可知,轮径的变化会影响轮轨接触区的面积及分布,因此,讨论了水介质和油介质工况下车轮轮径变化对黏着系数的影响。图 4.14 给出了黏着系数随轮径的变化关系。虽然变化幅度不大,但随着轮径的增加黏着系数仍呈现逐渐增大的趋势,且水介质工况下的黏着系数大于油介质工况下的黏着系数。

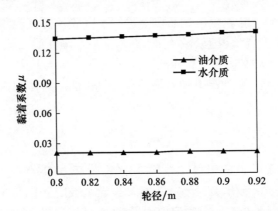

图 4.14　水介质和油介质工况下轮径对轮轨黏着系数的影响

　　从图 4.11～图 4.14 中对不同工况下的轮轨黏着系数的对比分析可以看出,在相同条件时水介质工况下轮轨黏着系数要大于油介质工况下的黏着系数,两种介质工况下轮轨黏着系数的变化规律是一致的。而水介质和油介质之间比较大的差异就是介质黏度,因此分析介质黏度对轮轨黏着特性的影响是十分必要的。

图 4.15 给出了轮轨黏着系数与介质膜厚随介质黏度的变化关系；随介质黏度的增加，介质膜厚逐渐增大，黏着系数逐渐降低；且介质膜厚和黏着系数的变化量都是随第三介质黏度的增加而降低的，这也充分说明油介质对轮轨黏着的危害要比水介质大得多，更容易造成轮轨低黏着的发生。

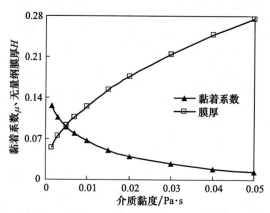

图 4.15　第三介质黏度对轮轨黏着系数的影响

4.4　数值仿真模型试验验证

4.4.1　试验方法简介

黏着试验在 JD-1 轮轨模拟试验机上进行。试验机及试验程序详见第 2 章的介绍。根据实验室及数值模拟参数情况，在水介质和油介质工况下选取试验参数：模拟轴重 13～19t，模拟速度 30km/h、60km/h、90km/h 和 120km/h，蠕滑率 1.5%，环境温度 20℃，在常温下加入第三介质（水、油），具体加入方式参见第 3 章的介绍。

4.4.2　试验结果

图 4.16 为水介质工况下模拟轴重 16t（线载荷 6MN/m），模拟速度分别为 30km/h、60km/h、90km/h、120km/h 时轮轨黏着系数的变化曲线。随模拟轮循环次数增加，轮轨黏着系数在一个固定值附近波动；且波动幅度随运行速度的增加而增大。水介质工况下轮轨滚动接触处于部分弹流接触状态，此时轮轨黏着系数主要靠处于接触状态的微凸体传递，轮轨间轻微的振动都会对处于接触状态的微凸体产生影响，从而影响轮轨的黏着系数。由图 4.16 可知，模拟轮轨滚动接触过程中速度越大黏着系数对轮轨间的振动越敏感。随着滚动速度的增加，轮轨黏着系数呈现逐渐降低的趋势；且黏着系数降低的幅度随速度的增大而放缓。

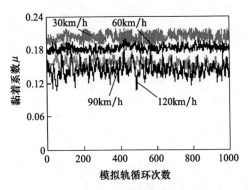

图 4.16　水介质工况下不同速度的轮轨黏着系数变化曲线

图 4.17 给出了水介质工况下不同轴重的黏着系数变化曲线。为了数值模拟时方便计算，将轴重转换成单位线载荷。线载荷从 5MN/m 到 7MN/m 对应的轴重从 13t 到 19t。可以看出，随着轴重的增加黏着系数的波动幅度逐渐降低，同时轮轨黏着系数逐渐降低。

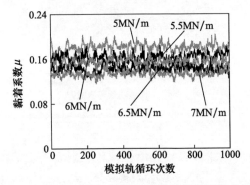

图 4.17　水介质工况下不同轴重的轮轨黏着系数变化曲线

图 4.18 为油介质工况下轮轨黏着系数随速度的变化曲线。对比图 4.16 可以看出，相比于水介质，油介质工况下黏着系数变化曲线的波动幅度明显要小得多。与水介质工况下相同，黏着系数都随滚动速度的增加逐渐降低，只是在数值上有一定差异，相同条件下，在油介质工况下的黏着系数明显要比水介质工况下的小得多。在速度从 30km/h 增加到 60km/h 时轮轨黏着系数急剧下降，降幅达到了20.8%。

图 4.19 为油介质工况下轮轨黏着系数随轴重的变化曲线。相比于水介质工况，在油介质工况下，黏着系数变化曲线要平稳得多。虽然不同轴重下轮轨黏着系数在数值上变化不是很大，但是黏着系数依然呈现出一种随轴重增加而逐渐降低的变化趋势。

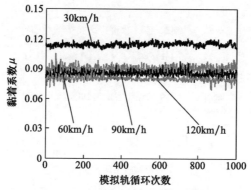

图 4.18　油介质工况下不同速度的轮轨黏着系数变化曲线

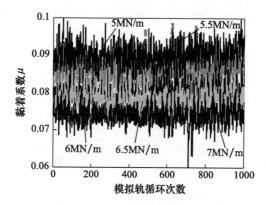

图 4.19　油介质工况下不同轴重的轮轨黏着系数变化曲线

　　为了验证数值计算结果能否很好地模拟轮轨黏着行为,本节将试验结果与数值计算结果进行对比分析。图 4.20 为载荷 6MN/m、水介质和油介质工况下轮轨黏

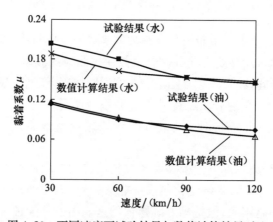

图 4.20　不同速度下试验结果与数值计算结果对比

着系数及速度关系曲线试验平均值与数值计算结果的对比。水介质和油介质工况下,试验结果与数值计算结果中黏着系数均随速度的增加而逐渐降低。水介质工况下当速度小于 90km/h 时,试验结果大于数值计算结果;当速度大于 90km/h 时,数值计算结果大于试验结果。油介质工况下当速度小于 75km/h 时,数值计算结果大于试验结果,反之亦然。表 4.5 给出了试验结果与数值计算结果的误差。可以看出,试验结果与数值计算结果的误差均在 12% 之内。

表 4.5 不同速度下试验结果与数值计算结果误差

速度/(km/h)	30	60	90	120
油误差/%	−1.6	−3.4	5.2	12.2
水误差/%	6.8	9.8	0.1	1.7

图 4.21 为速度为 90km/h、水介质和油介质工况下轮轨黏着系数与轴重关系曲线的试验平均值和数值计算结果对比。可以看出,试验结果与数值计算结果的变化规律是一致的,在水介质工况和油介质工况下轮轨黏着系数随载荷的增加而逐渐降低。有所不同的是,水介质工况下当线载荷小于 6MN/m 时,试验结果大于数值计算结果;当线载荷大于 6MN/m 时,结果相反。而在油介质工况下,试验结果一直比数值计算结果略大。表 4.6 给出了试验结果与数值计算结果的误差,可以看出两者数值之间的最大误差只有 7%。

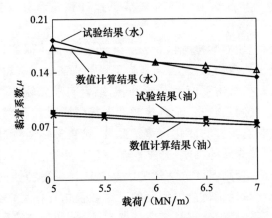

图 4.21 不同轴重下试验结果与数值计算结果对比

表 4.6 不同轴重下试验结果与数值计算结果误差

载荷/(MN/m)	5	5.5	6	6.5	7
油误差/%	4.6	4.6	4.9	7.0	5.3
水误差/%	5.1	1.2	0.1	−5.7	−6.3

　　由表 4.5 和表 4.6 可以看出:试验结果平均值与数值计算结果误差不是很大,除个别点之外误差均在 10% 以内,在误差允许范围之内。虽然试验研究更能贴近实际工况,但是试验设备是与现场工况按照等比例缩放的,这就使得实验室轮轨接触区域内应力场的分布与实际工况之间存在一定差异。同时,在构建数值仿真模型时,为了简化计算,对一些影响作用不大的因素进行简化省略处理。在轮轨黏着问题的研究中相对于介质的黏压效应而言,黏温效应影响是很小的,因此在数值计算过程中直接将第三介质假设成等温不可压缩流体,忽略温度对黏度的影响。然而,实际过程中轮轨接触斑温度是一个变化的瞬态变量,这也会造成试验结果与数值计算结果之间产生一定的误差。

4.5　研究展望

　　基于二维滚动接触理论和部分弹流理论,利用平均流量模型建立了第三介质工况下的轮轨接触数值模型,分析了不同参数对轮轨黏着系数的影响规律。研究表明,水介质和油介质工况下轮轨黏着系数要比干态工况下小得多;黏着系数随表面粗糙度和轮径的增加而增大,随滚动速度、轴重和介质黏度的增加而减小;滚动速度、表面粗糙度和介质黏度对轮轨黏着特性的影响较大,而轴重和轮径对黏着系数的影响相对较小。JD-1 轮轨模拟试验机结果也证明了所建立的第三介质工况下的轮轨接触数值模型能较准确地计算轮轨黏着系数,两者误差保持在 10% 之内[3]。

　　需要指出的是:轮轨实际接触状态为三维点接触,而本研究目前仅是基于二维滚动接触理论建立了数值仿真模型,未来为了更加真实地反映轮轨接触工况,应通过建立三维轮轨滚动接触仿真模型[14,15],同时结合有限元软件联合仿真以便考虑实际轮轨接触型面、接触点状态、轮轨接触变形等因素对黏着行为的影响,更加全面地仿真研究轮轨黏着特性的变化规律。此外,轮轨实际运行过程中温度是变化的,温度的变化对第三介质的黏度、密度等具有较大影响[16,17],因此模型中应考虑第三介质的黏温效应,否则温度这一影响因素对轮轨黏着特性的影响将无法做出很好的阐释。在建立考虑轮轨接触型面的三维数值仿真模型中,同时应考虑现场轮轨接触表面的实际粗糙度分布及演变规律[18,19],使数值仿真研究更加贴近实际轮轨接触工况。

参 考 文 献

[1]　Carter F W. On the action of a locomotive driving wheel. Proceedings of the Royal Society of London, Series A, 1926, 112(760):151—157.

[2]　金学松, 刘启跃. 轮轨摩擦学. 北京:中国铁道出版社, 2005.

[3]　汪洪. 第三介质条件下轮轨粘着特性研究[硕士学位论文]. 成都：西南交通大学,2013.

[4]　Wang H,Wang W J,Liu Q Y. Numerical and experimental investigation on adhesion characteristic of wheel/rail under the third medium condition. Proceedings of the Institution of Mechanical Engineers,Part J:Journal of Engineering Tribology,2016,230(1):111—118.

[5]　黄平. 润滑数值计算方法. 北京：高等教育出版社,2012.

[6]　Chen H,Ishida M,Nakahara T. Analysis of adhesion under wet conditions for three-dimensional contact considering surface roughness. Wear, 2005,258(7-8):1209—1216.

[7]　Greenwood J A,Tripp J H. The contact of two nominally flat rough surfaces. Proceedings of the Institution of Mechanical Engineers,1970,185(1):625—634.

[8]　Patir N,Cheng H S. Effect of surface roughness orientation on the central film thickness in EHD contacts//Proceedings of the 5th Leeds-Lyon Symposium on Tribology,Leeds,1978：15—21.

[9]　王文健,汪洪,郭俊,等. 表面粗糙度对轮轨黏着特性影响. 中国矿业大学学报,2014,43(1):107—112.

[10]　陆金甫,关治. 偏微分方程数值解法. 北京：清华大学出版社,2004.

[11]　彭晋民. 水润滑塑料合金轴承润滑机理及设计研究[博士学位论文]. 重庆：重庆大学,2003.

[12]　Wang J,Qu S,Yang P. Simplified multigrid technique for the numerical solution to the steady-state and transient EHL line contacts and the arbitrary entrainment EHL point contacts. Tribology International,2001,34(3):191—202.

[13]　杨沛然. 流体润滑数值分析. 北京：国防工业出版社,1998.

[14]　Zhao X,Li Z. A three-dimensional finite element solution of frictional wheel-rail rolling contact in elasto-plasticity. Proceedings of the Institution of Mechanical Engineers,Part J：Journal of Engineering Tribology,2015,229(1):86—100.

[15]　Wu B,Wen Z F,Wang H Y,et al. Analysis of wheel and rail adhesion under wet condition by using elastic-plastic microcontact model. Lubrication Science,2015,27(5):297—312.

[16]　Chen H,Ban T,Ishida M,et al. Effect of water temperature on the adhesion between rail and wheel. Proceedings of the Institution of Mechanical Engineers,Part J:Journal of Engineering Tribology,2006,220(7):571—579.

[17]　Tomberger C,Dietmaier P,Sextro W,et al. Friction in wheel-rail contact:A model comprising interfacial fluids,surface roughness and temperature. Wear,2011,271(1-2):2—12.

[18]　Wu B,Wen Z F,Wang H Y,et al. Numerical analysis on wheel/rail adhesion under mixed contamination of oil and water with surface roughness. Wear,2014,314(1-2):140—147.

[19]　Wu B,Wen Z F,Wang H Y,et al. Analysis of wheel/rail adhesion under oil contamination with surface roughness. Proceedings of the Institution of Mechanical Engineers,Part J：Journal of Engineering Tribology,2013,227(11):1306—1315.

第 5 章　低黏着下轮轨增黏与损伤行为

5.1　轮轨低黏着与增黏措施

欧洲铁路安全标准委员会(RSSB)在轮轨低黏着测量标准[1](GM/GN 2642)中认为,列车正常运行中,制动过程所需的黏着系数应大于 0.14,牵引过程所需要的黏着系数应在 0.1～0.3。此外,在机车防滑系统检测标准[2](GM/GN 2695)中,定义 0.1 以上的黏着系数为正常黏着水平;0.05～0.1 的黏着系数为低黏着水平;小于 0.05 的黏着系数为恶劣黏着水平[3]。

铁路运营中列车的牵引力和制动力几乎全部来自于机车轮对与钢轨之间产生的黏着力,因此轮轨间的黏着水平直接决定了列车运行的最高速度、制动距离、牵引效率等。以往的研究表明:现场中干态工况下轮轨间的实际黏着水平约为 0.3,可以满足机车运行的黏着需求,而当轨面出现水、油、树叶等第三介质时,轮轨黏着系数便会跌至一个极低的水平,极易引发各类低黏着事故[3~7]。

第 3 章介绍了水、油、树叶、防冻液以及水油混合物等铁路上常见的第三介质对轮轨黏着系数的影响,对比国内外其他研究结果,表 5.1 列出了不同工况下的黏着系数对比。尽管试验方法和所选参数的不同会导致得到的结果在数值上存在一定的差异,但从表 5.1 中所列不同工况下的黏着系数还是可以看出,第三介质的存在会使轮轨间的黏着水平产生大幅度下降。按照英国机车防滑系统检测标准的定义来看,水介质工况下的黏着水平通常处于低黏着水平与正常黏着水平的边缘;油介质工况和树叶工况下的黏着状态则基本处于低黏着水平,甚至会处于恶劣黏着水平,不可能达到正常黏着水平;而当水与油介质或树叶介质发生混合时,轮轨间的黏着系数往往会跌至恶劣黏着水平。

需要注意的是,第 2 章和第 3 章中详细讨论了轴重、速度等参数对黏着系数的影响,轴重的增加在水介质工况下会使黏着系数进一步降低,而速度的增加会使各类工况下的黏着系数都出现下降,再加上车辆实际运行中蛇形运动、轴重转移等因素的影响,现场中列车运行时实际可以利用的黏着系数可能会比上述试验中所获得的结果更为糟糕,基本上当轮轨接触区内存在第三介质时其黏着水平都会低于列车正常运行所需的黏着系数,因此需要采用相应的增黏措施或及时清除表面的污染物来防止各类低黏着事故的发生。

表 5.1　不同工况下的轮轨黏着系数对比

研究人员	试验方法	轴重	速度/(km/h)	工况	最大黏着系数
张卫华等[4,5]	全尺寸等比例模拟试验-滚动振动试验台	44kN	10～70	干态	0.50～0.57
		67kN	10～70	干态	0.44～0.55
		44kN	120～240	水态	0.07～0.13
		67kN	80～240	水态	0.05～0.11
		67kN	140～300	油态	0.045～0.055
		135kN	140～300	油态	0.04～0.05
Nagase[6]	特殊转向架的现场实测试验	不定	不定	干态	0.20～0.40
				水态	0.05～0.20
				油态	0.05～0.07
				树叶	0.025～0.100
Lewis 等[7,8]	双轮对滚模拟试验	1500MPa/7.7kN	3.54	干态	0.60
				水态	0.20
				油态	0.07
				水油混合（50%水）	0.06
				水油混合（80%水）	0.05
				树叶	0.05
				树叶＋水	0.01
王文健等[9]	JD-1 轮轨试验机	1050MPa/1.4kN	90	干态	0.377±0.007
				水态	0.137±0.007
				油态	0.058±0.006
				水油混合（50%水）	0.041±0.006
				树叶	0.081±0.018
				树叶＋水	0.025±0.005

5.1.1　第三介质引起轮轨低黏着的机理

1977 年 Dowson 等[10]编写了第一本关于弹流润滑理论的专著 *Elasto-hydrodynamic Lubrication*，极大地推进了润滑问题的发展，特别是关于粗糙面间的弹流问题理论出现之后，使得研究粗糙面之间的润滑问题更具实用价值[11,12]。自 1986年 Ohyama 等[13]首次将弹流润滑理论应用到水介质工况下轮轨黏着问题的研究之后，杨翔仁等[14,15]、Chen 等[16~18]、Zhu 等[19]、Tomberger 等[20]对水介质和油介质工况下的轮轨黏着问题进行了大量数值分析，从理论角度揭示了第三介质导致轮轨黏着系数下降的机理，以及轴重、速度等参数变化对第三介质工况下黏着系数的影响规律。在第 4 章中基于弹流润滑理论，我们建立了第三介质工况下的轮轨接触数值模型,利用多重网格法仿真分析了不同参数对轮轨黏着系数的影响与变化规律,通过试验对数值计算结果进行验证,其结果具有良好的一致性。

在弹流问题研究中,若考虑接触面间的表面粗糙度,那么可能出现以下三种情况:一是全膜润滑状态,在这种状态下两表面间的润滑介质将两接触面完全分开,接触面间的垂向载荷完全由第三介质在接触区内形成的润滑膜承载,轮轨间的切向力由润滑膜的剪切力提供;二是边界润滑状态,此时接触区内润滑介质的流体动压润滑作用很小,载荷几乎全部由表面微凸体承受,其接触状态最接近干态;三是介于边界润滑与全膜润滑之间,此时接触区内部分为微凸体接触,部分被润滑介质分开,此种情况为混合润滑状态,接触面间的载荷由介质膜和处于接触状态下的微凸体共同承担。通过相关试验和分析,过去许多学者曾得出如下近似观点:假设两接触表面的粗糙度均方差分别为 σ_1 和 σ_2,那么合成粗糙度均方差为 $\sigma = \sqrt{\sigma_1^2 + \sigma_2^2}$;平均介质膜厚为 h,那么膜厚比为 $\Lambda = h/\sigma$。当膜厚比 $\Lambda > 5$ 时,认为两接触面处于全膜润滑状态;当膜厚比 $\Lambda < 1$ 时,则认为它们处于边界润滑状态[12,21]。接触副的摩擦系数 f 和润滑状态随膜厚比 Λ 的变化关系如图 5.1 所示[12]。

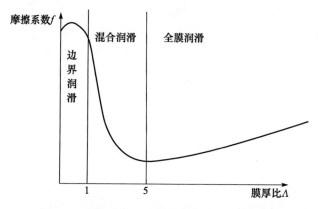

图 5.1　摩擦系数 f 和润滑状态随 Λ 的变化[12]

以往的计算中,当轮轨接触区内存在水、油等第三介质时,由于水介质与油介质黏度的差异,相同参数下接触区内形成的水膜厚度会比油膜厚度小一个数量级。考虑轮轨滚动接触表面的粗糙度,在油介质工况下,接触区内的最小膜厚与表面粗糙度处于一个量级,处于混合润滑状态,但随着速度的增加,油膜的厚度会急剧上升而进入弹流润滑状态;而水介质工况下,轮轨间常处于边界润滑状态,但随着速度的增加会最终进入混合润滑状态。

基于上述分析,可设 P_a 为表面微凸体所承载的载荷(接触压力)、P_c 为润滑膜所承载的载荷(接触压力),则如图 5.2 所示[21],轮轨接触切向力 F 可以通过

式(5.1)表示为

$$F = \mu P = \mu_a P_a + \mu_e P_e \tag{5.1}$$

$$\mu = \frac{\mu_a P_a + \mu_e P_e}{P} \tag{5.2}$$

式中，μ 为轮轨黏着系数；P 为法向力，即轴重，$P = P_a + P_e$；μ_a 为表面微凸体边界摩擦系数；μ_e 为润滑介质抗剪系数。

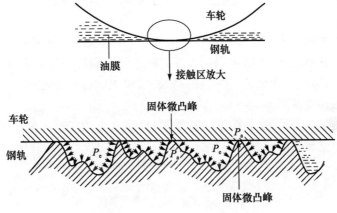

图 5.2　第三介质工况下的轮轨接触模型[21]

　　由于表面微凸体间的边界摩擦系数 $\mu_a \gg$ 润滑介质的抗剪切系数 μ_e，因此轮轨黏着系数主要取决于发生接触的表面微凸体的数量以及微凸体所承载的法向载荷。第三介质工况下，由于介质层在轮轨接触区内部形成的润滑膜承载了大部分法向载荷，接触区内发生接触的微凸体数量显著减少，因此其黏着系数远远小于干态工况下的黏着系数。

　　此外，速度、轴重、温度、表面粗糙度及不同第三介质的黏度等因素均会影响轮轨第三介质层在接触区内形成的润滑膜膜厚，微凸体发生接触的数量，以及微凸体承载的压力分布等，进而导致轮轨黏着系数的差异。

5.1.2　常见增黏措施及作用机制

　　前文已详细论述了铁路运营中在各种常见第三介质工况下轮轨的黏着特性。无一例外，这些第三介质的存在都会使轮轨黏着系数下降至一个极低的水平，影响列车牵引力或制动力的发挥，给铁路的安全运行造成极大危害。

　　铁路往往处于开放的环境之中，再加上铁路的运营里程长，运行环境复杂多变等因素，在现有条件下是很难做到防止第三介质出现的，因此必须采取有效的增黏措施，在列车运行中出现低黏着问题时及时帮助列车恢复黏着水平，以保障列车的牵引与制动性能。

目前铁路上应对低黏着问题,常用的措施有:①向轨面撒砂或喷射氧化铝等硬质颗粒增黏;②安装研磨子踏面清扫装置;③采用磁轨制动等辅助制动手段;④安装防滑系统等黏着控制装置;⑤采用化学方法或等离子处理等轨面清洁措施。

1. 向轨面撒砂或喷射氧化铝颗粒等硬质颗粒增黏

目前世界各国改善黏着的普遍做法是向轮轨接触界面撒砂,其效果也比较明显,日本为解决 300km/h 以上运营速度下的黏着问题,开发出一种通过喷射氧化铝颗粒来提高黏着力的方法。

这些硬质颗粒在车轮经过时被碾压嵌入轮轨接触表面,从而形成大量的微凸体,这些微凸体破坏了接触区域内的水膜,增加了固体接触部分,轮轨间便可传递更大的黏着力,即使硬质颗粒最终脱落,轮轨接触表面的粗糙度也变大了,仍有利于保持良好的黏着状态。

第三介质工况下,采用硬质颗粒来增黏时,以水介质工况下撒砂为例,轮轨接触区内的接触机制由图5.2转变为图5.3,破碎后硬质颗粒的粒径仍大于接触区内的水膜厚度,嵌入轮轨表面,在接触区内发挥承载载荷的作用[22]。

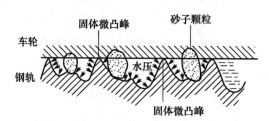

图5.3　水介质工况下撒砂增黏时的轮轨接触模型[22]

当两接触表面产生相对运动时,嵌入的硬质颗粒将会发生犁沟作用,如图5.4所示[20],其过程中产生的犁沟力成为轮轨切向力的主要来源。

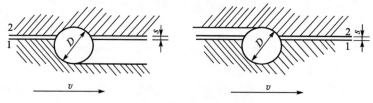

图5.4　颗粒在接触副中的犁沟模型[20]

此时,轮轨黏着力 F_t 可表示为

$$F_t = F_a + F_d + F_p \qquad (5.3)$$

式中,F_a 为黏着力的分子分量;F_d 为黏着力的机械分量;F_p 为黏着力的颗粒犁沟分量。

　　分子分量 F_a 和机械分量 F_d 随载荷的变化不大,所以黏着力主要依靠硬质颗粒的犁沟分量 F_p 提供。

$$F_p = \frac{\pi D^2 K_d H}{24 F_n} \tag{5.4}$$

式中,K_d 为面积密度;H 为硬度;F_n 为名义接触压力;D 为砂子颗粒的极限粒径[22]。

　　由式(5.4)可知,硬质颗粒在轮轨接触区内发挥的犁沟力受硬质颗粒的硬度及破碎后极限粒径影响,因此不同的硬质颗粒增黏效果也会不同。

2. 安装研磨子踏面清扫装置

　　随着盘形制动的发展,车轮踏面缺少了闸瓦的清扫作用,出现在轮轨表面的第三介质直接影响列车牵引和制动性能的发挥,因此必须采用踏面清扫装置来减轻外部环境对轮轨黏着的影响。

　　研磨子由铸铁和有机合成材料组成,是类似闸瓦的磨耗件,安装在动车组的转向架上。在列车行进和制动过程中,研磨子受压紧贴在车轮踏面上,可以清除车轮表面的雨水、污油、锈迹、尘埃及杂质等[23]。此外,研磨子与踏面摩擦产生的摩擦颗粒进入轮轨接触区后又可以发挥硬质颗粒增黏的效果,以保证轮轨间有良好的黏着性能。

3. 磁轨制动等辅助制动手段

　　电磁轨道制动的基本结构是在转向架上通过一个特殊装置连接电磁铁,如图 5.5 所示。在列车制动时,电磁铁和钢轨吸引在一起,产生很大的滑动摩擦力,辅助列车在规定制动距离内完成制动。同时制动时电磁铁对钢轨表面有机械清除作用,可以改善后续车轮通过时的黏着状态。

图 5.5　电磁轨道制动装置

在电磁轨道制动基础上,推出了一种由永久磁铁来获得制动力的新型磁轨制动,即永磁轨道制动。其制动原理同电磁轨道制动,但不需要提供辅助电源或蓄电池组。同样可以在制动时对钢轨表面起清扫作用,有利于改善黏着性能[24]。

4. 安装防滑系统等黏着控制系统

按照蠕滑理论中的黏着-蠕滑特性曲线的变化规律,轮轨间的黏着系数总是在开始阶段随着蠕滑率的增大而线性增大,当达到峰值点之后,开始随着蠕滑率的增加而缓慢下降。因此,通过调整轮对的蠕滑率使轮轨黏着系数始终保持在峰值点附近,而达到最优的黏着利用状态具有十分重要的意义。

列车若只凭借自然特性运营,是不可能达到黏着极限的,就算短时间获得很高的牵引力,也很难得以维持。黏着控制系统的出现,促使电力机车的牵引与制动性能得到大幅提高[23]。防滑器不仅是防止车轮滑行的一种有效装置,同时控制得当,车轮适当的滑行可用来清扫表面,保持车轮踏面的表面粗糙度,还可起到改善和提高黏着水平的作用。

5. 采用化学方法或等离子处理等轨面清洁措施

第三介质工况下提高轮轨间的黏着系数,最直接的办法便是彻底清除进入轮轨接触区内的第三介质,使轮轨表面重新变成清洁表面。

英国铁路研究院试验验证了等离子吹管的作用。这种方法的原理是由一种特殊吹管的两个高压电极间产生的等离子流对着轨面发生电离化。等离子流是由90%氩气和10%氢气的混合气体产生的,这种气体只需比较低的启动弧压,而且对钢轨的金属无损害。对黏着的改善程度和电弧处理相似。这种等离子处理对结霜的钢轨也有效,但不太持久。此方法由于费用太高,研究没有继续下去。

另外向轨面喷洒一种喷剂(如硅酸钠),其原理是破坏污染轨面的油分子。专用的喷洒设备置于轨道附近,当机车车辆通过时,由于车轮的滚动,会自行动作喷出喷剂。喷剂在轨面上的喷洒范围可达 400m,足以保证前方轨面的油污在车轮通过前被清除[25]。

5.2　轮轨界面撒砂/氧化铝颗粒增黏行为

为了确保低黏着工况下列车的安全运行,国内外学者围绕如何提高轮轨黏着系数开展了大量相关研究。例如,提高轮轨表面粗糙度和磁场强度对增加轮轨黏着系数是很有效的方法[18,26]。除此之外,一种非亲水物质作为新型摩擦改进剂(friciton modifier)能够很好地抵抗水介质引起的低黏着现象[27]。砂子、氧化铝、研磨子、增黏块等都曾应用于铁路现场轮轨增黏中。其中,时至今日撒砂依旧是全世界范围内应用最广泛的增黏方式[28~31]。尽管撒砂可以有效地克服恶劣的低黏着工况，但大量试验表明：过度撒砂会带来严重的轮轨磨损及表面损伤，甚至会带来电绝缘等安全隐患[32,33]，因此选择合理的撒砂参数是十分重要的。Andrews[34]研究了矿物质颗粒大小和硬度对黏着系数的影响，发现轮轨黏着系数与颗粒大小和硬度成正比。Kumar 等[35]通过试验证实轮轨黏着系数与撒砂量和蠕滑率存在密切的关系。Arias-Cuevas 等[36]系统性地研究了树叶污染条件下砂子颗粒大小和蠕滑率对轮轨黏着特性的影响，认为大颗粒砂子和高蠕滑率有利于提高轮轨黏着力。Omasta 等[37]把真实的撒砂装置应用到小比例试验机上，发现只有小蠕滑率和低速情况下撒砂量的改变才对轮轨黏着恢复有作用。

目前还没有关于轮轨低黏着工况下增黏介质对轮轨损伤特性的系统研究，本章将重点分析砂子、氧化铝、砂-氧化铝混合介质对轮轨增黏与损伤特性的影响。

5.2.1　增黏试验简介

增黏试验在双轮对滚滚动磨损试验机上进行，主要由主机、电控柜和计算机监控系统组成，其结构示意图如图 5.6 所示。试验机由双速交流电机提供初始动力，试验机由铸造机座、力矩测量模块、转速控制模块、轮试样模块、轨试样模块、垂向力加载模块、偏心轴模块等组成。该试验机通过计算机程序对整个试验过程的垂向载荷、摩擦力矩及摩擦系数等参数全程监控，并记录参数随时间的变化[38,39]。

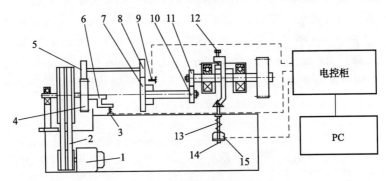

图 5.6　滚动磨损试验机

1. 双速电机；2. 三角皮带；3. 压力传感器；4、5. 传动齿轮；6. 摆架；
7. 内齿轮；8. 外齿轮；9. 光电传感器；10. 下试样；11. 上试样；
12. 螺钉；13. 弹簧；14. 加载螺母；15. 载荷传感器

试验机工作原理：皮带(2)把双速电机的转速传递到齿轮组(4、5、8)，下试样轴(钢轨试样)在齿轮(7)的带动下转动，其转动角速度 200r/min 或 400r/min。上试样轴(车轮试样)通过皮带(2)和齿轮组(4、5)及蜗杆轴的传递转换而获得动能，通过改变齿轮箱内的齿轮组合来实现不同的蠕滑率。试验中垂向载荷则通过调节加载螺母(14)实现不同的轴重工况,其加载的大小通过传感器(15)检测并传递到电控柜中。试验机可以模拟滚动、滑动以及滚滑复合摩擦状态工况下的摩擦磨损行为,也可开展干态、水态和第三介质工况下的滚动磨损试验。

为了使模拟试验尽可能地与现场工况相吻合,试验轮轨试样均取自实际车轮踏面(CL60 车轮)和钢轨轨头(U71Mn 钢轨),其化学成分如表 5.2 所示。试验中采用 Hertz 模拟准则,要求试验过程的接触斑行为与现场一致。

表 5.2　模拟轮轨试样化学成分(质量分数)　　　　　　(单位:%)

试样	C	Mn	Si	S	P
车轮	0.55～0.65	0.50～0.80	0.17～0.37	≤0.040	≤0.035
钢轨	0.65～0.76	1.10～1.40	0.15～0.35	≤0.030	≤0.030

轮轨试样均为直径 40mm 的圆形试样,钢轨试样轴向轮廓为直线,车轮试样轴向轮廓为半径 14mm 的圆弧。根据 Hertz 理论计算可以得到实验室中加载垂向载荷与现场车轮轴重之间的关系,当动载系数取 $K=0.3$ 时,经计算选取垂向载荷 120N 和 180N 来模拟 17t 和 25t 两种轴重工况。

增黏试验方案一:蠕滑率 0.91%,钢轨试样转速 400r/min,试验模拟现场 17t 轴重工况。轮轨试样几何尺寸及安装示意图如图 5.7(a)所示。通过输液软管把介质连续加在车轮试样上[见图 5.7(b)],从而保证轮轨试样始终保持湿润状态,水流量 1.5mL/min,水温(20±3)℃。增黏介质为普通硅砂,其主要成分为 SiO_2,莫氏硬度 7,砂子微观实物照片如图 5.8 所示。通过筛网可把砂子分为四种不同颗粒:0.05～0.2mm(S 砂)、0.2～0.3mm(M 砂)、0.3～0.45mm(L 砂)、0.45～0.9mm(XL 砂)。试验选择三种流量:5g/min、10g/min 和 15g/min,试验过程中通过砂箱控制阀来调节撒砂流量大小,砂子通过自重撒落在轮轨接触斑附近。试验采用连续撒砂方式,试验时间 2h,详细试验方案如表 5.3 所示。

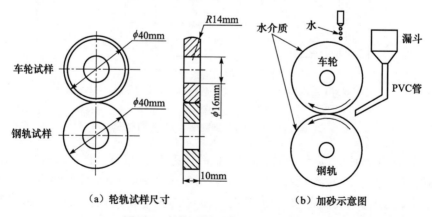

（a）轮轨试样尺寸　　　　　　（b）加砂示意图

图 5.7　轮轨试样尺寸和加砂示意图

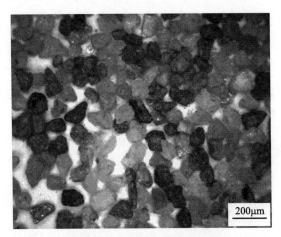

图 5.8 砂子颗粒微观照片

表 5.3 试验方案一

编号	加载力/N	转速/(r/min)	蠕滑率/%	时间/h	界面状态	砂子粒径	流量/(g/min)
1-1					干态	—	—
1-2					水态	—	—
1-3					水态	S 砂	10
1-4	120	400	0.91	2	水态	M 砂	10
1-5					水态	L 砂	10
1-6					水态	XL 砂	10
1-7					水态	M 砂	5
1-8					水态	M 砂	15

增黏试验方案二：蠕滑率 3.83％，钢轨试样转速 400r/min，试验模拟现场 25t 轴重工况。轮轨试样几何尺寸及颗粒添加方式与增黏试验方案一相同，水流量 3mL/min，水温(20±3)℃。增黏介质氧化铝主要成分是 Al_2O_3，莫氏硬度 9，氧化铝微观实物照片如图 5.9 所示。试验方案二中选取四种不同粒径的氧化铝颗粒：约 0.08mm（S 氧化铝）、约 0.15mm（M 氧化铝）、约 0.25mm（L 氧化铝）、约 0.55mm（XL 氧化铝）。四种使用量：1g/min、3g/min、7g/min 和 10g/min。试验过程中通过砂箱控制阀来调节撒氧化铝流量大小，采用连续添加介质的增黏方式，详细试验方案如表 5.4 所示。

图 5.9　氧化铝颗粒微观照片

表 5.4　试验方案二

编号	加载力 /N	转速 /(r/min)	蠕滑率 /%	时间 /h	界面状态	氧化铝粒径	流量 /(g/min)
2-1					干态	—	—
2-2					水态	—	—
2-3					水态	S 氧化铝	10
2-4					水态	M 氧化铝	10
2-5	180	400	3.83	1	水态	L 氧化铝	10
2-6					水态	XL 氧化铝	10
2-7					水态	M 氧化铝	1
2-8					水态	M 氧化铝	3
2-9					水态	M 氧化铝	7

　　增黏试验方案三:通过筛网可以把砂子和氧化铝颗粒大小都控制在 0.25mm 左右,并将砂子和氧化铝按不同的比例混合:100％砂子、50％砂子和 50％氧化铝、25％砂子和 75％氧化铝、100％氧化铝,如图 5.10 所示。试验过程中采用连续添加混合介质的增黏方式,流量约 10g/min。其他同试验方案二,详细试验方案如表 5.5 所示。

　　试验前需要完成以下工作:

　　(1) 分别从车轮踏面和钢轨轨头处截取合适的模拟轮轨试样,取样后加工试样至设计尺寸并保证车轮和钢轨试样圆周表面质量。

　　(2) 用酒精清洗轮轨试样,然后干燥,再用电子秤(JA4103,精度:0.001g)测量试样质量,每个试样反复测量五次,取平均值作为试验前轮轨试样的质量。

　(a) 100%砂子　　(b) 50%砂子和50%氧化铝　(c) 25%砂子和75%氧化铝　(d) 100%氧化铝

图 5.10　混合增黏介质

表 5.5　试验方案三

编号	加载力/N	转速/(r/min)	蠕滑率/%	时间/h	界面状态	混合介质	流量/(g/min)
3-1					干态	—	—
3-2					水态	—	—
3-3					水态	100%砂子	10
3-4	180	400	3.83	1	水态	50%砂子和50%氧化铝	10
3-5					水态	25%砂子和75%氧化铝	10
3-6					水态	100%氧化铝	10

　　(3) 用粗糙度测量仪沿轮轨试样圆周方向均匀选取试样表面八个采样点,取平均值作为试验前轮轨试样的表面粗糙度。

　　(4) 用维氏硬度计沿轮轨试样圆周方向均匀选取试样表面八个采样点,取平均值作为试验前轮轨试样的表面硬度。

　　(5) 将测量后的轮轨试样安装在滚动磨损试验机上,尽量避免装夹过程中试样圆周表面被污染。

　　(6) 根据试验方案设置相应的参数,准备好介质添加工具。

　　试验后需要完成以下内容:

　　(1) 试验结束后,首先保存试验数据,然后对轮轨试样进行清洗、干燥,按“试验前工作”的步骤(2),测量出试验后轮轨试样的质量。

　　(2) 重复“试验前工作”的步骤(3)和(4),测量出试验后轮轨试样的表面粗糙度和硬度。

　　(3) 用线切割机在轮轨试样表面磨痕处切取 8mm×8mm×5mm 的表面试样,经酒精清洗和吹风机干燥后,利用扫描电子显微镜、激光共聚焦扫描显微镜观察试样表面损伤形貌。

　　(4) 沿试样磨痕纵剖面切取 8mm×5mm×5mm 的剖面试样,经酒精清洗和吹风机干燥后,用树脂进行镶样和抛光处理,再经 4%硝酸酒精溶液腐蚀后用扫描电子显微镜和光学显微镜观察试样剖面的损伤形貌。

5.2.2　轮轨增黏效果

图 5.11 给出了干态、水介质和水介质加砂工况下的轮轨黏着系数变化。干态工况下轮轨黏着系数高达 0.43 左右,水介质存在的情况下轮轨黏着系数迅速下降到 0.21 左右。干态工况下轮轨黏着系数达到稳定所需的时间远大于水介质工况下,这可能是干态工况下轮轨磨损更为严重且磨合时间更长的缘故。图 5.11 还表明,水介质工况下撒砂能明显提高轮轨黏着系数,撒砂是一种很有效的增黏方式。但值得注意的是,水介质工况下添加 S 砂后轮轨黏着系数反而降低[见图 5.11 (a)],一个可能的原因是筛网多次滤砂后的细砂中含有很多泥土和灰尘,这些粉末状的物质在水溶液中能起到一定的润滑作用。

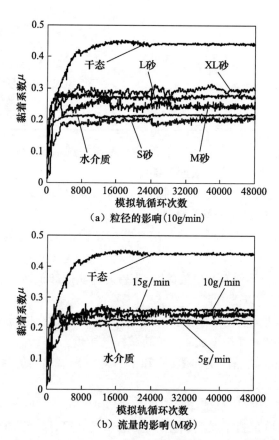

（a）粒径的影响（10g/min）

（b）流量的影响（M砂）

图 5.11　水介质工况下撒砂对轮轨黏着系数的影响

撒砂参数(砂子粒径、流量)对水介质工况下轮轨黏着系数具有重要影响。随砂子粒径的增加,轮轨黏着系数相应增大[见图 5.11(a)],在水介质工况下使用 XL 砂增黏时轮轨黏着系数可以提高到 0.3 左右。随砂流量的增加,轮轨黏着系数也相应增大[见图 5.11(b)],水介质工况下砂流量为 15g/min 时轮轨黏着系数提高到 0.25 左右。因此选择合理的撒砂参数有利于提高轮轨间的可利用黏着力,对保证列车的安全运行至关重要。

从图 5.12 中可以看出,与干态工况相比较,水介质工况下轮轨黏着系数有明显的下降,下降幅度约为 70.5％,但水介质工况下使用氧化铝颗粒可以迅速提高轮轨黏着系数。随氧化铝颗粒直径的增大,轮轨黏着系数呈减小的趋势,直到 L 氧化铝和 XL 氧化铝时,轮轨黏着系数趋于同一水平[见图 5.12(a)]。在 S 氧化铝和 XL 氧化铝工况下轮轨黏着系数分别提高了约 180％和 100％。另外,随着氧化铝颗粒增大黏

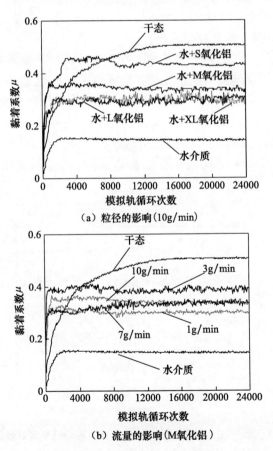

(a) 粒径的影响(10g/min)

(b) 流量的影响(M氧化铝)

图 5.12　水介质工况下撒氧化铝对轮轨黏着系数的影响

着系数变化曲线波动也越来越剧烈,这是因为大的氧化铝颗粒要经历更多碾压。这恰好与 Arias-Cuevas[32] 在实验室得出的结论相反,他的研究结果表明树叶介质工况下砂子粒径越大,则获得的可利用黏着系数越大。一个可能的原因是氧化铝比砂子硬很多,相对砂子而言,大颗粒的氧化铝在轮轨接触界面更难被碾碎,从而导致轮轨黏着系数下降。

图 5.12(b)示出了水介质工况下氧化铝流量对轮轨黏着系数的影响,随氧化铝流量增加,轮轨黏着系数先增加后减小然后趋于平稳。当氧化铝流量为 1g/min 时,黏着系数大约为 0.3;当流量为 3g/min 时,轮轨黏着系数达到最大。与水介质工况下相比较,轮轨黏着系数分别提高约 100% 和 160%。当氧化铝流量为 1～3g/min 时,轮轨黏着系数显著增加,这是因为更多的氧化铝颗粒增强了轮轨界面间的相互作用力;但氧化铝流量增加到 7g/min 时,轮轨黏着系数呈相对下降的趋势,这是因为一些氧化铝颗粒不能嵌入轮轨界面,而在轮轨试样界面间起到滚珠效应;继续增加到 10g/min 时,轮轨黏着系数不再下降,而是趋于同一水平,这是因为过多的氧化铝颗粒已经不能进入轮轨接触界面。

图 5.13 为水介质工况下使用不同增黏介质后轮轨黏着系数的变化曲线。从图 5.13 中可以看出,增黏介质的添加明显提高了轮轨黏着系数,水介质工况下撒纯砂后轮轨黏着系数从 0.13 提高到 0.15 左右,而撒纯氧化铝后黏着系数可提高到约 0.3。砂子氧化铝混合介质的增黏效果则介于两者之间,且其增黏效果随混合介质中氧化铝百分比含量的增加而增加。此外,纯氧化铝对应的黏着曲线波动幅度明显大于其他介质的黏着曲线,这也可能暗示着更大的轮轨表面损伤。

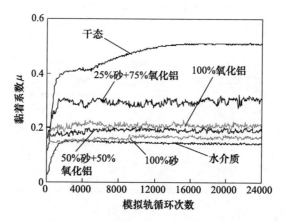

图 5.13　水介质工况下砂-氧化铝混合介质对轮轨黏着系数的影响

5.3 增黏过程中轮轨损伤行为

5.3.1 撒砂对轮轨损伤行为影响

试验前车轮和钢轨试样的表面粗糙度均约为 $1.5\mu m$,非常接近现场工况下光滑的轮轨表面粗糙度。从图 5.14 中可以看出,撒砂对轮轨表面粗糙度的变化有明显的影响,试验后轮轨试样表面粗糙度均有大幅度提升。随着砂子粒径的增加,轮轨表面粗糙度呈相应递增的趋势[见图 5.14(a)],这是由于大颗粒的砂子拥有大的棱角,因而在被碾压的过程中能产生更深的切削深度。与此同时,随着流量的增加,轮轨表面粗糙度也呈相应增加的趋势,如图 5.14(b)所示。无论使用大的撒砂颗粒还是流量,均能使轮轨试样表面粗糙度达到$12\mu m$左右。

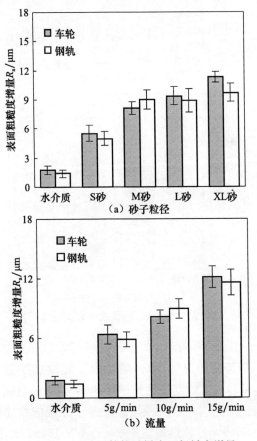

图 5.14 试验后轮轨试样表面粗糙度增量

　　试验前车轮试样和钢轨试样的表面硬度均值分别约为 $240HV_{0.3}$ 和 $300HV_{0.3}$，试验后轮轨表面硬度整体增加了约 $100HV_{0.3}$，且试验后钢轨试样的表面硬度均大于车轮试样的表面硬度，如图 5.15 所示。撒砂颗粒大小和流量对轮轨表面硬度的变化有重要的影响，随砂子粒径和流量的增加轮轨表面硬度呈稍微下降的趋势。这是由于随撒砂颗粒粒径增加砂子的切削棱角越大，随流量增加则单位时间内可以产生更多的有效切削。

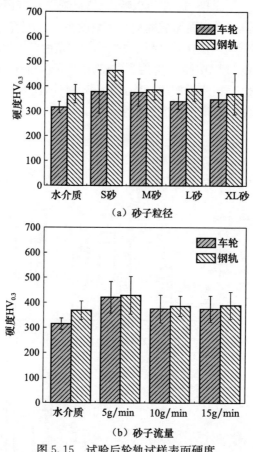

（a）砂子粒径

（b）砂子流量

图 5.15　试验后轮轨试样表面硬度

　　图 5.16 为水介质工况下使用不同粒径砂子后轮轨试样表面磨痕的 SEM 照片。从图 5.16(a) 可以清楚地发现：水介质工况下轻微点蚀是轮轨表面的主要损伤形式。与此同时，撒砂明显加剧了轮轨试样的表面损伤，且随砂子粒径的增加越来越严重。撒砂后剥落为主要的损伤形式，随砂子粒径的增加轮轨表面损伤形式从轻微剥落[见图 5.16(b)]过渡到剥落损伤[见图 5.16(c) 和图 5.16(d)]，再到严重剥落损伤[见图 5.16(e)]。另外，在轮轨试样的表面还能观察到颗粒状物质嵌

入和凹坑损伤等现象。对嵌入的未知颗粒进行能谱分析,选择点 A 作为车轮试样的基体,点 B 作为车轮试样的嵌入物质[见图 5.16(e)],其能谱分析结果如表 5.6 所示,可以断定嵌入的颗粒状物质就是添加的砂子。嵌入的砂子经过多次碾压脱落后就会形成凹坑[见图 5.16(d)和图 5.16(e)],随砂子粒径的增大,形成的凹坑也会相应增大,且嵌入的砂子会划伤相对应的车轮或钢轨试样。

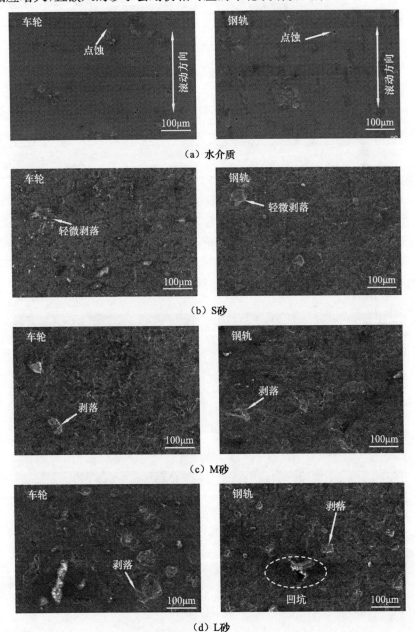

（a）水介质

（b）S砂

（c）M砂

（d）L砂

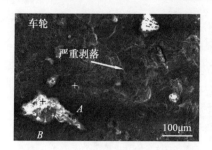

（e）XL砂

图 5.16　不同砂子粒径下的轮轨试样表面磨痕 SEM 照片

表 5.6　表面磨痕 EDX 能谱结果（质量分数）　　　　（单位：%）

元素	C	O	Na	Al	Si	K	Ca	Fe	Mn
点 A	34.45	10.11	—	—	0.53	—	—	54.37	0.54
点 B	15.61	60.94	2.55	6.23	12.02	0.98	0.53	1.13	—

　　图 5.17 为水介质工况下使用不同砂子流量后轮轨试样表面磨痕的 SEM 照片。从图 5.17 中可以看到，轮轨试样磨痕表面存在剥落和凹坑损伤，随着砂子流量增加轮轨试样磨痕损伤程度越来越严重。另外，在图 5.17（c）中发现，当砂子流量为 15g/min 时钢轨试样出现了一条很长的凹坑，这可能是由于砂子更容易嵌入较软的车轮材料，然后嵌入的砂子又反复刮伤了钢轨表面。

（a）5g/min

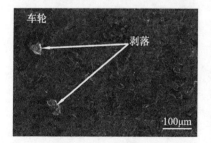

（b）10g/min

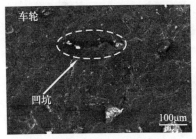
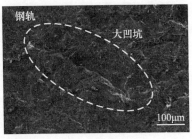

（c）15g/min

图 5.17　不同砂子流量下的轮轨试样表面磨痕 SEM 照片

图 5.18 和图 5.19 分别给出了水介质工况下不同撒砂参数增黏后轮轨试样纵剖面 OM 照片。随砂子粒径和砂子流量的增加，明显加剧了车轮和钢轨试样的次表面损伤。轮轨剖面损伤主要从轻微剥落损伤形式向严重剥落损伤和大凹坑损伤形式过渡，这也与轮轨试样表面损伤规律相吻合（见图 5.16 和图 5.17）。此外，车轮试样的表面损伤与次表面损伤程度均大于钢轨试样，这可能是因为车轮试样硬度较低。

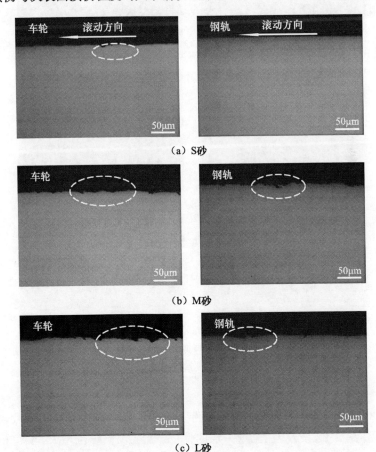

（a）S砂

（b）M砂

（c）L砂

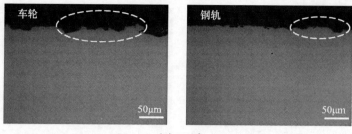

（d）XL砂

图 5.18　不同砂子粒径下的轮轨试样纵剖面 OM 照片

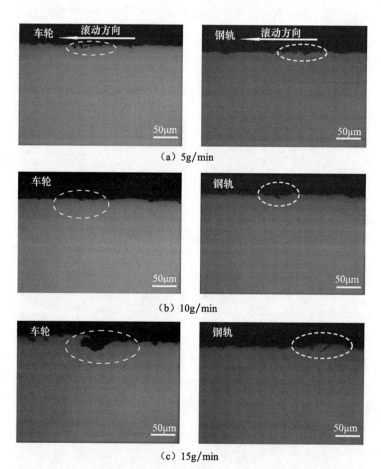

（a）5g/min

（b）10g/min

（c）15g/min

图 5.19　不同砂子流量下的轮轨试样纵剖面 OM 照片

图 5.20 表明,水介质工况不撒砂条件下的轮轨剖面损伤程度相对最轻微。对比图 5.21 和图 5.22 发现:在流量一定的情况下,随砂子粒径增大,车轮和钢轨试

样表面嵌入砂子和形成的凹坑都呈增大趋势。当使用大粒径砂子增黏时,砂子嵌入轮轨试样表面后,会引起周边金属材料组织发生塑性流动,再加上滚动接触应力的影响,材料周边会产生疲劳裂纹,如图 5.22(a)所示。从图 5.22(b)中可以看出,凹坑根部有疲劳裂纹存在,且夹杂在凹坑的破碎金属材料将促使疲劳裂纹向更深处扩展。另外,大的砂子流量也会加剧轮轨试样次表层损伤。在图 5.23(a)中可以看出,周边材料被去除的金属凸起,随着轮轨间的相互碾压与其底部平行裂纹的继续扩展,该金属凸起将会被迅速去除。在图 5.23(b)中同样可以看到两相邻凹坑之间的金属材料很容易沿试样的滚动方向发生塑性变形。随着凹坑周边疲劳裂纹向材料深处的持续扩展与凹坑之间的贯通,最后就会形成大量表层材料的脱落。

（a）车轮

（b）钢轨

图 5.20　水介质工况不撒砂条件下的轮轨试样纵剖面 SEM 照片

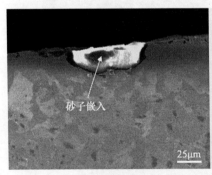
（a）车轮

（b）钢轨

图 5.21　水介质工况撒砂条件下的轮轨试样纵剖面 SEM 照片(M 砂,10g/min)

　　撒砂能够很好地提高水介质工况下的轮轨黏着系数(见图 5.11),但是也会引起严重的表面损伤(见图 5.16 和图 5.17)。随着砂子粒径和流量增加,轮轨表面形貌恶化,伴随着表面粗糙度增加,进而转化为轮轨间黏着系数增加。因此,铁路现场撒砂增黏时应尽可能地避免过度撒砂。

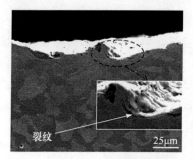

裂纹　表面裂纹

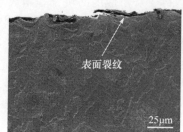

塑性流动线

（a）车轮

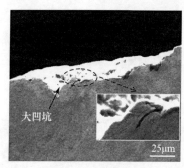

大凹坑

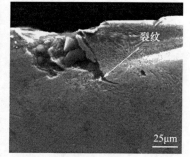

裂纹

（b）钢轨

图 5.22　水介质工况撒砂条件下的轮轨试样纵剖面 SEM 照片（XL 砂，10g/min）

待切削的金属凸起　裂纹

裂纹

（a）车轮

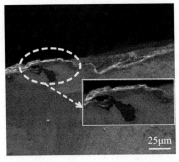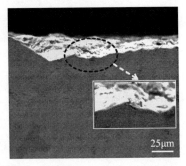

（b）钢轨

图 5.23　水介质工况撒砂条件下的轮轨试样纵剖面 SEM 照片（M 砂，15g/min）

图 5.24（a）从宏观角度给出了水介质工况下撒砂的增黏机理。砂子颗粒被直接送到轮轨接触区上方附近，砂子靠自重洒落在钢轨试样上。由于流动的水滴在圆盘上会形成一层具有黏性的水膜，因此大部分砂子都有随圆盘旋转被带进接触入口的机会。与此同时，也有一些砂子在洒落在钢轨试样上时就直接被反弹出去。由于轮轨碾压区域是相当有限的，一部分砂子会在达到碾压口之前从钢轨试样上滑落下来，另一部分砂子则能通过轮轨接触区域并在碾压的过程中扮演重要的增黏作用。对轮轨接触斑的横剖面进一步微观分析可知，试验过程中所施加的轴重由金属凹凸体、水压和砂子颗粒等共同承担，如图 5.24（b）所示。在砂子穿过轮轨接触区域的过程中，轮轨接触面上的切向力和剪应力都会相应增加。一些砂子被碾压成碎片或者直接嵌入轮轨试样表面，嵌入的砂子将会产生更强的切削作用和引起更大的轮轨接触应力，从而快速提高轮轨黏着系数。另外，应力集中将直接改变金属组织塑性流动线和弱化嵌入砂子周边的金属材料结构，轮轨表层材料在砂粒反复的犁沟作用下被迅速去除。

砂子嵌入和循环滚动接触是轮轨试样疲劳裂纹的主要原因。来源于轮轨试样表层或者凹坑底部的初始裂纹，一般均先沿材料深处发展再沿表层材料延伸，当疲劳裂纹间相互交汇时则会形成新的剥落损伤。接触区域的砂子颗粒经过反复碾压后，嵌入车轮或钢轨试样表层，再从轮轨试样表层脱落，这样就会导致严重的疲劳裂纹和大凹坑产生，如图 5.24（a）所示[38]。除此之外，在撒砂增黏过程中还有一种可能的现象是车轮试样和钢轨试样被砂子完全分离开，如图 5.24（c）所示，在轮轨接触区域砂子和水压几乎承担了全部轴重。这种情况将会直接导致车轮与钢轨间电绝缘等现象发生[33]，对列车安全运行造成极大威胁。

5.3.2　氧化铝颗粒对轮轨损伤行为影响

由图 5.25 可以看出：试验后轮轨试样表面硬度均有所增加，且与水介质工况

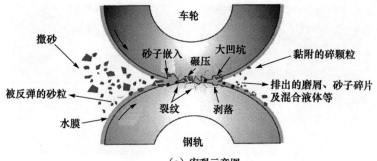

（a）宏观示意图

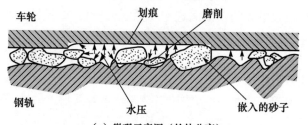

（b）微观示意图（轮轨接触）

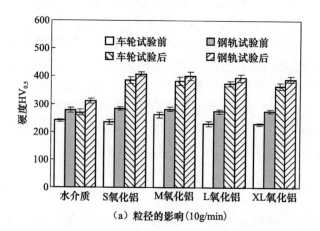

（c）微观示意图（轮轨分离）

图 5.24　增黏机理示意图[38]

（a）粒径的影响（10g/min）

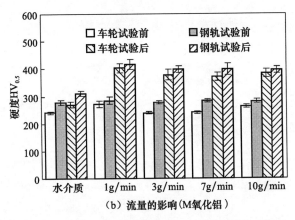

（b）流量的影响（M 氧化铝）

图 5.25　不同氧化铝参数条件下的轮轨试样表面硬度

相比较,氧化铝颗粒加剧了轮轨试样表面的硬化。从图 5.25(a)中可以看出,随着氧化铝粒径增大,轮轨试样表面硬度有一个微小的相对下降趋势,这可能是因为大颗粒氧化铝会形成厚的氧化铝层,更大的接触面积导致更小的接触应力。氧化铝流量从 1g/min 增加到 10g/min 的过程中,轮轨试样表面硬度也存在类似的轻微下降规律[见图 5.25(b)]。从图 5.26 中可以看出,越靠近表层材料的区域硬化现象越明显,随表层材料距离增加,剖面硬度呈梯度降低,最后趋于基体组织硬度。

　　从图 5.27(a)中可以看出,随着氧化铝粒径增加,轮轨试样磨损率相应增加,尤其是当氧化铝颗粒直径从 S 增加到 M 时,轮轨试样磨损率显著增加。从图 5.27(b)中可以看出,随着氧化铝流量增加,轮轨试样磨损率也相应增加。与此同时,每组试验都是车轮试样的磨损率高于钢轨试样,这与其他学者开展的第三体磨损试验观察到的现象是不同的,相关学者通常认为较软材料的磨损率更低[40~42]。一个可能的解释是:氧化铝颗粒在轮轨接触区域被碾碎后更容易嵌入较软的车轮材料,然后可以磨削相对应的钢轨试样表面,当氧化铝颗粒从车轮试样脱落后,最后就会形成一些大坑,这也与车轮试样比钢轨试样纵剖面的凹坑大的现象相吻合。

　　图 5.28 为水介质工况下使用不同粒径氧化铝颗粒后轮轨试样表面磨痕 SEM照片。从图中可以清晰地看到,氧化铝颗粒的使用明显加剧了轮轨试样表面损伤程度。与此同时,随氧化铝粒径增大,轮轨试样表面损伤呈更严重的趋势。水介质工况下轮轨试样的主要损伤形式是点蚀,S 氧化铝工况下表面裂纹、剥落、起皮同时存在,在 M、L、XL 氧化铝工况下主要损伤形式是大凹坑和严重剥落损伤,且氧化铝粒径越大损伤程度越严重。另外,在轮轨试样的表面还能观察到颗粒状物质嵌入和凹坑损伤等现象,对嵌入的未知颗粒进行了能谱分析,选择点 B 作为车轮试样的基体,点 A 作为车轮试样的嵌入物质[见图 5.28(d)],其能谱分析结果如

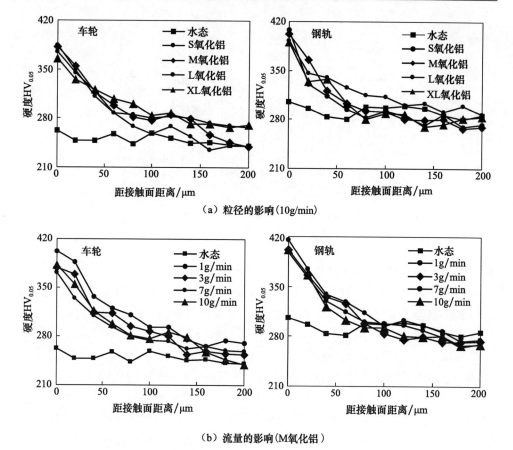

（a）粒径的影响（10g/min）

（b）流量的影响（M氧化铝）

图 5.26 不同氧化铝参数条件下的轮轨试样剖面硬度变化

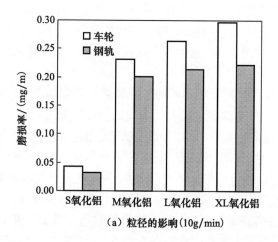

（a）粒径的影响（10g/min）

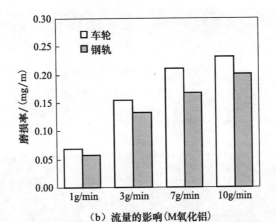

（b）流量的影响（M氧化铝）

图 5.27　不同氧化铝参数条件下的轮轨试样磨损率

表 5.7 所示。与 B 点处化学成分相比较，A 点氧元素和铝元素明显增加，而且铁元素很低，因此可以断定嵌入的颗粒状物质就是氧化铝颗粒。另外氧化铝颗粒在轮轨接触界面被压碎，然后嵌入试样表面，再从试样表面脱落，从而导致试样表面大凹坑的形成。

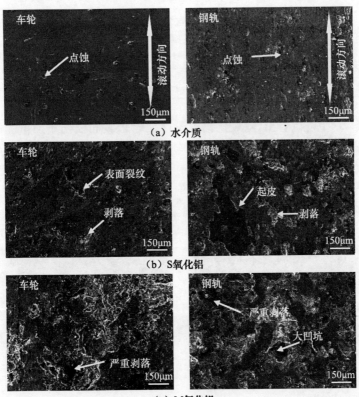

（a）水介质

（b）S氧化铝

（c）M氧化铝

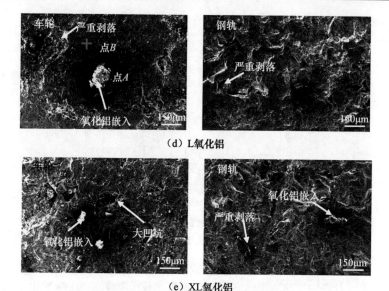

(d) L氧化铝

(e) XL氧化铝

图 5.28　不同氧化铝粒径下的轮轨试样表面磨痕 SEM 照片(10g/min)

表 5.7　表面磨痕 EDX 能谱结果(质量分数)　　　　(单位:%)

元素	O	Al	Fe	Mn	Si
点 A(未知物质)	62.67	36.80	0.53	—	—
点 B(基体组织)	9.39	5.76	83.68	0.80	0.57

　　从图 5.29 中可以看出,随氧化铝流量增加轮轨表面损伤呈加重的趋势,当氧化铝使用量为 1g/min 和 3g/min 时,轮轨试样表面主要损伤形式是剥落[见图 5.29(a)、(b)];当氧化铝使用量为 7g/min 和 10g/min 时,轮轨试样表面主要损伤形式是严重剥落和大凹坑损伤[见图 5.29(c)、(d)]。随氧化铝流量增加,表面剥落损伤变得越来越密集,剥落坑相互贯通就会导致大剥落损伤的形成。

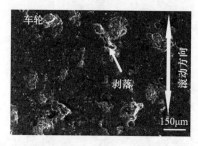

(a) 1g/min

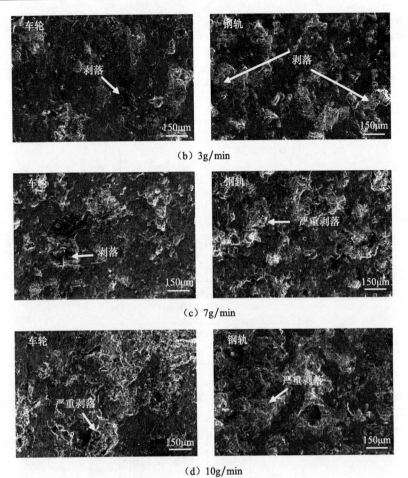

图5.29　不同氧化铝流量下的轮轨试样表面磨痕 SEM 照片(M 氧化铝)

　　氧化铝颗粒的添加明显导致了轮轨试样表面粗糙度的增加,如图5.30所示。当氧化铝粒径从 S 增加到 M 氧化铝时,轮轨试样表面粗糙度急剧增加;当氧化铝粒径从 M 增加到 XL 氧化铝时,轮轨试样表面粗糙度呈缓慢增加的趋势。与此同时,随着氧化铝流量的增加,轮轨试样表面粗糙度也呈相应增加的趋势。

　　从图5.31中可以看出,水介质工况下轮轨纵剖面没有观察到明显的塑性变形;当添加氧化铝颗粒后,轮轨接触区域出现了明显的塑性流动现象。随氧化铝颗粒粒径的增加轮轨试样剖面塑性变形层厚度减小,这可能是因为大颗粒氧化铝磨削深度越深,接触应力反而越低,从而导致薄的硬化层被迅速切除掉。从图5.32中可以看出,随着氧化铝流量增加轮轨剖面塑性变形层厚度越来越薄。

　　图5.33分别给出了水介质工况下使用不同大小氧化铝颗粒后,轮轨试样磨痕处纵剖面 OM 照片。从图5.33中可以看到,水介质工况下没有明显的次表面损

伤,添加氧化铝颗粒后次表面损伤明显。随氧化铝粒径增大轮轨次表面损伤相应加剧,损伤形式从表面裂纹[见图 5.33(b)]向剥落[见图 5.33(c)]和凹坑[见图 5.33(d)、(e)]演变。不同氧化铝粒径下的轮轨试样剖面损伤趋势也与轮轨试样表面损伤规律相吻合,如图 5.28 所示。

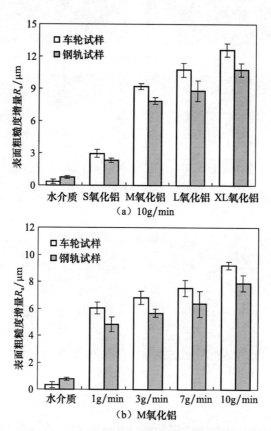

（a）10g/min

（b）M氧化铝

图 5.30　轮轨试样表面粗糙度增量

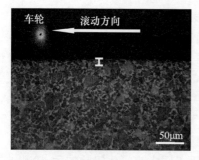

（a）水介质

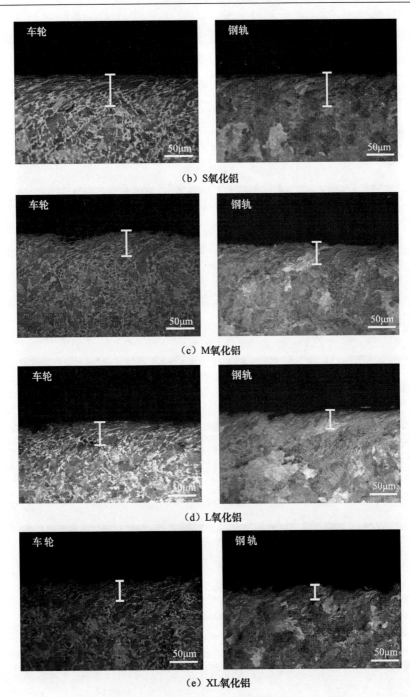

图 5.31　不同氧化铝粒径下的轮轨试样纵剖面塑性变形 OM 照片(10g/min)

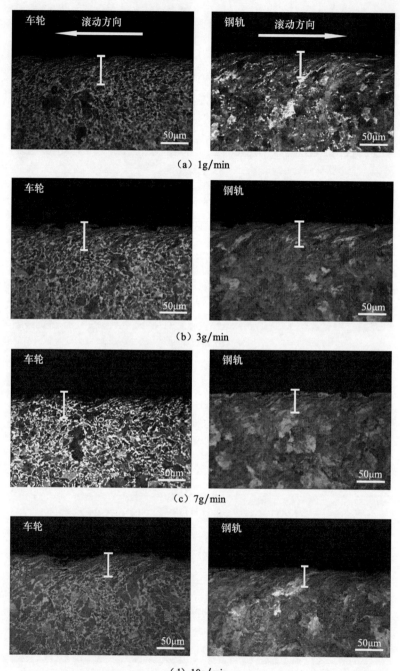

（a）1g/min

（b）3g/min

（c）7g/min

（d）10g/min

图 5.32　不同氧化铝流量下的轮轨试样纵剖面塑性变形 OM 照片（M 氧化铝）

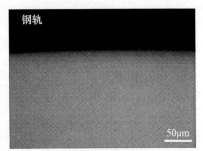

（a）水介质

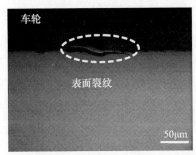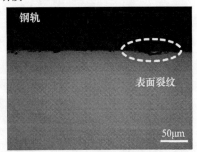

（b）S氧化铝

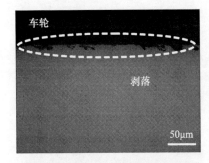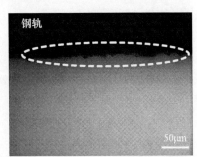

（c）M氧化铝

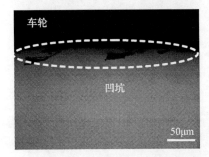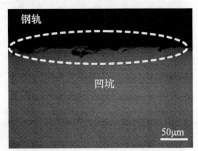

（d）L氧化铝

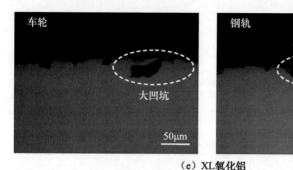

（e）XL氧化铝

图 5.33　不同氧化铝粒径下的轮轨试样纵剖面 OM 照片（10g/min）

　　图 5.34 为水介质工况不同氧化铝粒径下的轮轨试样剖面磨痕疲劳裂纹 SEM 照片。氧化铝颗粒破坏了由轮轨试样滚动接触疲劳引起的表面裂纹，从而导致裂纹破碎成为小凹坑［见图 5.34（a），车轮试样］，凹坑底部又会产生轻微裂纹和分支裂纹。从图 5.34（a）中可以观察到，小颗粒物质嵌入钢轨试样表面，进而形成凹坑和改变周边组织的塑性流动。从图 5.34（b）中可以观察到，大颗粒氧化铝会进一步恶化轮轨试样剖面损伤，当大颗粒氧化铝嵌入试样表面时，再脱落后就会形成更大的凹坑损伤、严重的疲劳裂纹和高接触应力。由图 5.34（b）还可以看出，严重疲劳裂纹中的夹杂材料有破碎的趋势，因此大颗粒氧化铝将会引起轮轨试样次表面更深的磨损和更严重的疲劳损伤。

　　图 5.35 和图 5.36 分别为不同氧化铝流量下的轮轨试样磨痕处纵剖面 OM 和 SEM 照片。从图中可以看出，随着氧化铝流量增加，轮轨纵剖面损伤越来越严重，

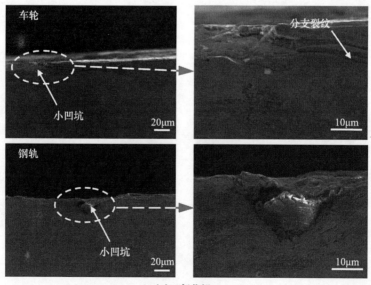

（a）S氧化铝

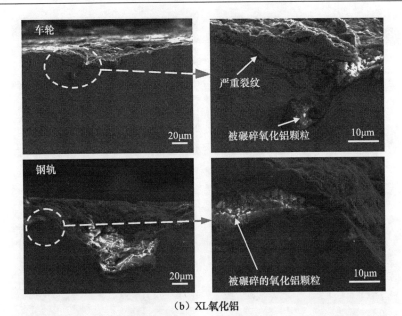

（b）XL氧化铝

图 5.34　不同氧化铝粒径下的轮轨试样疲劳裂纹 SEM 照片（10g/min）

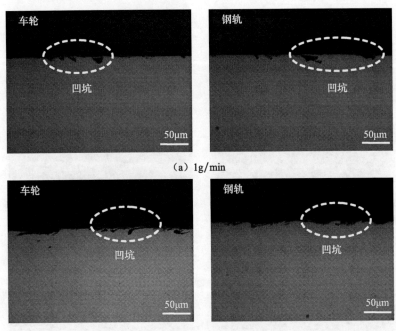

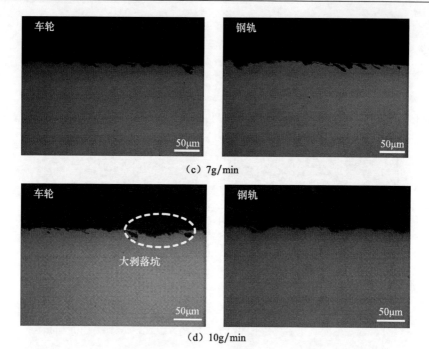

（c）7g/min

（d）10g/min

图 5.35　不同氧化铝流量下的轮轨试样纵剖面 OM 照片（M 氧化铝）

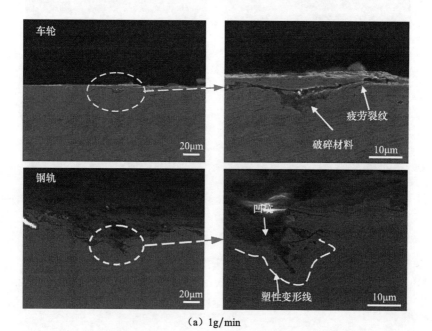

（a）1g/min

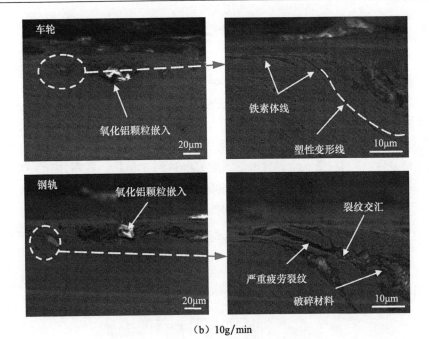

（b）10g/min

图 5.36 不同氧化铝粒径下的轮轨试样疲劳裂纹 SEM 照片（M 氧化铝）

凹坑也变得越来越大和越来越密集。进一步观察可以发现，氧化铝流量增大后剥落坑相互贯通就会形成更大的剥落坑，如图 5.35(d)所示。这种损伤规律与不同氧化铝流量工况下轮轨试样表面磨痕和磨损量趋势相吻合[见图 5.27(b)和图 5.29]。

从图 5.36 中可以看出，车轮试样纵剖面裂纹的扩展趋势与钢轨试样是不相同的。车轮试样纵剖面上可以看到清晰的铁素体线且裂纹的形成和扩展都沿铁素体线发展[见图 5.36(b)]，同时裂纹中的破碎材料会加剧表层材料的去除过程[见图 5.36(a)]。然而，钢轨试样上的疲劳裂纹形成于试样表层[见图 5.36(b)]或者凹坑的底部[见图 5.36(a)]，且裂纹的扩展方式更多的是相互交汇贯通，从而导致材料的去除[见图 5.36(b)]。另外，严重的疲劳裂纹可以扩展到钢轨材料内部一定的深度并且裂纹中的材料趋于破裂。

上述氧化铝颗粒试验中，水介质工况下使用氧化铝颗粒可以有效地提高轮轨黏着系数，并且氧化铝粒径和流量对轮轨黏着特性有重要影响，随着氧化铝粒径和流量增加，轮轨试样表面损伤和剖面损伤加剧，损伤机制由起皮、剥落转变为严重剥落、大凹坑损伤。"S 氧化铝和 3g/min"是本次试验中最优的氧化铝试验参数，因此现场应用砂子或氧化铝增黏的过程中，在满足黏着特性的前提下一定要尽量避免过度撒砂或者氧化铝，并选择合理的硬质颗粒粒径和流量大小。

5.3.3 砂-氧化铝混合介质对轮轨损伤行为影响

图 5.37 为水介质工况下不同砂-氧化铝混合介质对轮轨试样表面硬度的影响。试验前轮轨试样表面硬度约为 $250HV_{0.3}$，试验后轮轨试样表面硬度迅速增加，且试验前后钢轨试样表面硬度均大于车轮试样。增黏介质工况下轮轨表面硬度的增加量明显大于纯水介质工况[见图 5.37(b)]，因此砂和氧化铝明显加剧了轮轨接触区域的硬化过程。进一步观察分析可知，水介质工况下撒砂后轮轨表面硬度可达到 $430HV_{0.3}$ 左右，撒氧化铝后表面硬度只能达到 $390HV_{0.3}$ 左右，撒砂-氧化铝混合介质则介于两者之间。砂子和氧化铝的混合比例对轮轨表面硬度的变化有重要影响，随着混合介质中氧化铝含量的增加轮轨表面硬度依次呈相对下降的趋势。

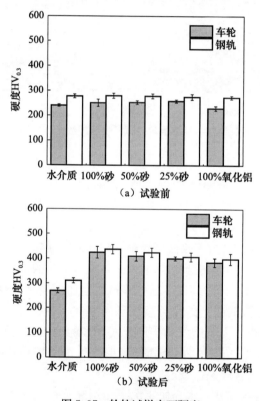

图 5.37 轮轨试样表面硬度

图 5.38 给出了车轮和钢轨试样的磨损量。水介质工况不加砂和氧化铝条件下的轮轨磨损量最低，约 10mg；而水介质工况下只添加砂子后磨损量达到 100mg 左右，水介质工况下加氧化铝后磨损量高达 700mg；随着添加混合介质中氧化铝含量升高，轮轨试样磨损量呈明显递增的趋势，这种趋势与轮轨表面硬度相对依次下降的原因

是相同的。这可能是由于氧化铝颗粒比砂子硬度更高，当增黏介质中氧化铝含量越高时，试验过程中切削掉的硬化层越深。

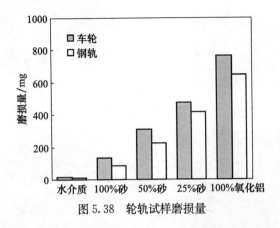

图 5.38　轮轨试样磨损量

图 5.39 和图 5.40 分别为水介质工况下使用不同增黏介质后轮轨试样表面磨痕LCSM 照片。图中比较暗淡的区域为试样表面由于严重磨损而出现的凹坑和剥落损伤形貌。从图 5.39 中可以看出，剥落损伤为车轮试样表面的主要损伤形式，随介质中氧化铝含量的增加，试样表面损伤形式从轻微剥落[见图 5.39(a)]过渡到一般剥落损伤[见图 5.39(b)、(c)]，再到严重剥落损伤[图 5.39(d)]，其中钢轨试样也存在类似的损伤变化规律。砂子氧化铝混合介质中随砂子含量减少，即氧化铝含量增加，轮轨

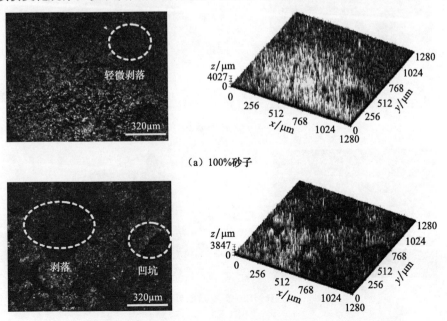

（a）100%砂子

（b）50%砂子和50%氧化铝

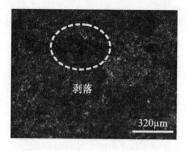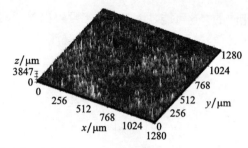

（c）25%砂子和75%氧化铝

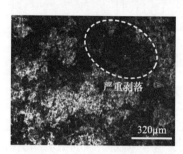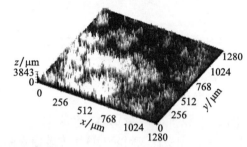

（d）100%氧化铝

图 5.39　车轮试样表面磨痕 LCSM 照片

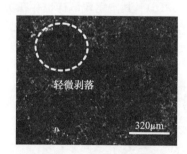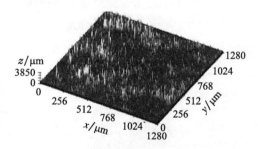

（a）100%砂子

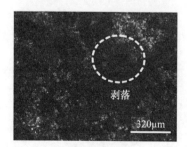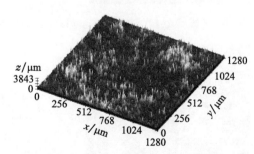

（b）50%砂子和50%氧化铝

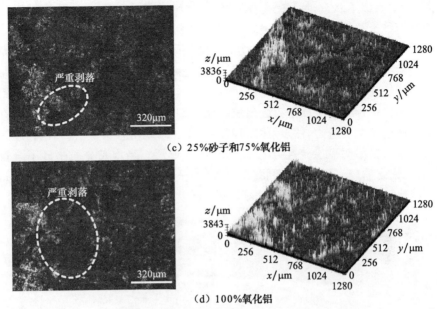

（c）25%砂子和75%氧化铝

（d）100%氧化铝

图 5.40　钢轨试样表面磨痕 LCSM 照片

表面损伤呈加重的趋势。这说明相同工况下氧化铝比砂子更容易恶化轮轨表面形貌，因此实际中在满足轮轨黏着系数的条件下应尽可能少使用氧化铝颗粒。

图 5.41 为水介质工况下使用不同增黏介质后轮轨试样磨痕表面粗糙度的变化。由图 5.41 可见，不使用砂子和氧化铝的水介质工况下试验后轮轨表面粗糙度低于 $2\mu m$，混合介质中随氧化铝含量的增加，轮轨表面粗糙度从约 $5\mu m$ 增加到 $10\mu m$ 左右。因此，砂子和氧化铝介质对轮轨试样表面粗糙度有明显的影响，在使用增黏介质后轮轨表面粗糙度急剧增加，这种趋势与图 5.39 和图 5.40 中轮轨试样的表面损伤规律相对应。

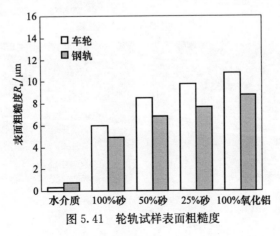

图 5.41　轮轨试样表面粗糙度

图 5.42 给出了水介质工况下添加混合介质增黏后轮轨试样磨痕处纵剖面 OM 照片。砂子和氧化铝介质明显加剧了试样剖面损伤程度,随着混合介质中氧化铝含量的增加,车轮试样主要的损伤形式由轻微剥落损伤,逐渐过渡到大剥落坑损伤。混合介质中氧化铝含量越高,车轮试样剖面损伤越严重,且在钢轨试样中也有类似的损伤规律。从图 5.43 中可以看出,在水介质工况下应用砂子和氧化铝混合介质后轮轨试样磨损表面下方会出现明显的塑性变形。这是因为轮轨试样在滚动接触过程中产生切应力,使表层金属材料发生了组织滑移错位,当切应力超过试样的剪切屈服极限时就会产生不可逆的塑性变形层。当增黏介质中砂子含量越少,即氧化铝含量越多时,试样剖面塑性变形层呈变薄的趋势。一个可能原因是氧化铝颗粒比砂子更硬,即更锋利,相同工况下可以切削掉更厚的塑性变形层。

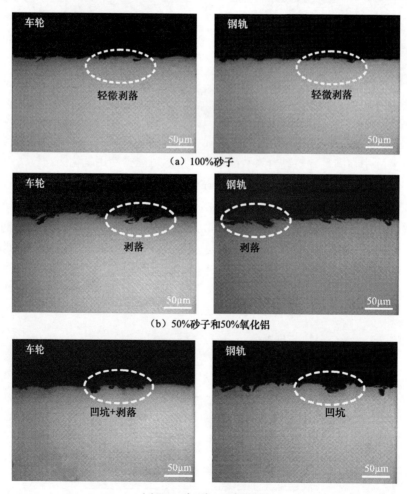

(a) 100%砂子

(b) 50%砂子和50%氧化铝

(c) 25%砂子和75%氧化铝

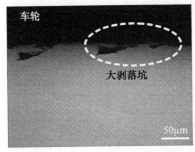
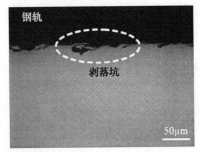

（d）100%氧化铝

图 5.42　轮轨试样磨痕处纵剖面 OM 照片

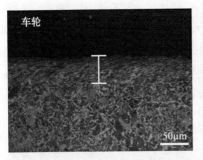
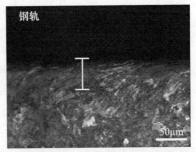

（a）100%砂子

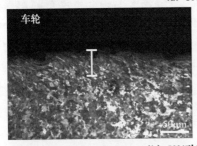
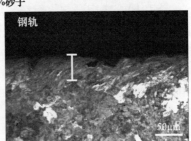

（b）50%砂子和50%氧化铝

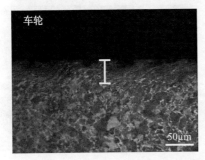
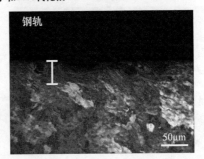

（c）25%砂子和75%氧化铝

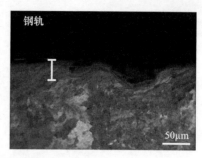

(d) 100%氧化铝

图 5.43　轨试样纵剖面塑性变形 OM 照片

　　图 5.44 和图 5.45 为水介质工况下不同混合介质作用时轮轨试样纵剖面 SEM 照片。当使用 100%纯砂子时车轮试样主要的损伤形式为小剥落坑[见图 5.44 (a)],当使用 50%砂子和 50%氧化铝混合介质时车轮试样主要的损伤形式是大剥落坑[见图 5.44(b)],当使用 25%砂子和 75%氧化铝混合介质时车轮试样主要的损伤形式是疲劳裂纹和第三介质嵌入[见图 5.44(c)],当使用 100%氧化铝时车轮试样主要的损伤形式是更严重的疲劳裂纹和更大的介质嵌入[见图 5.44(d)]。钢轨试样的损伤形式和车轮试样基本上是吻合的。从图 5.45(b)、(c)中可以看出,破碎材料和第三介质夹杂在钢轨试样中,且第三介质嵌入后会改变附近基体组织的塑性流动线和加剧次表层裂纹继续扩展。试样次表面中的夹杂材料极易恶化轮轨试样表面的损伤程度。当砂子和氧化铝颗粒嵌入轮轨试样表面后,在试样旋转过程中会刮伤相对应的车轮或钢轨试样,待第三介质从轮轨试样表面脱落后就会直接形成剥落坑,剥落坑的汇集又会形成大的剥落坑。图 5.45(d)中这种大块金属材料的脱落和严重的疲劳裂纹,极有可能是氧化铝颗粒的反复嵌入和脱落引起的。值得一提的是,剥落坑的形成还有一种原因是滚动接触疲劳裂纹的扩展和贯通。

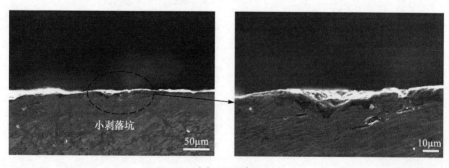

(a) 100%砂子

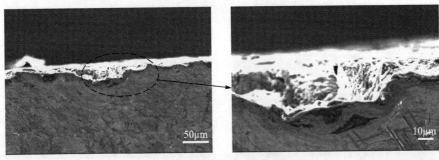

（b）50%砂子和50%氧化铝

（c）25%砂子和75%氧化铝

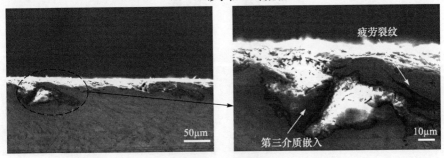

（d）100%氧化铝

图5.44　车轮试样纵剖面损伤 SEM 照片

（a）100%砂子

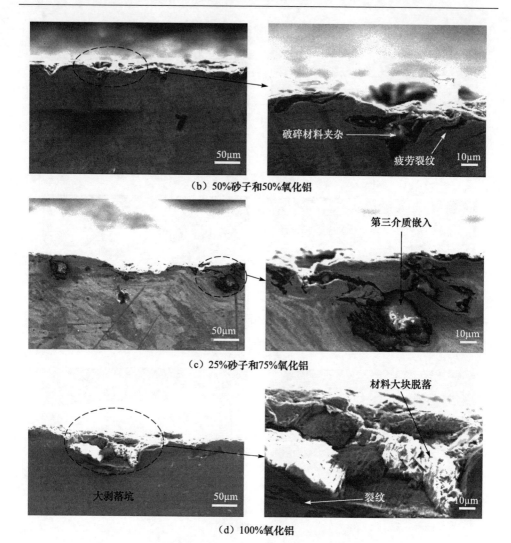

图 5.45　钢轨试样纵剖面损伤 SEM 照片

5.4　研磨子增黏行为

　　研磨子通常安装在动车组的转向架上,如图 5.46 所示。在列车制动过程中,研磨子受气压作用紧贴在车轮踏面上,可清除车轮表面的雨水、污油、锈迹、尘埃及杂质等第三介质,保证轮轨间有良好的黏着性能。

　　日本新干线运营的前 10 年,车轮擦伤频繁。1973 年后采用增黏摩擦块,再加上防滑装置的改进,车轮擦伤率大幅减少[43,44]。相关资料曾提到,采用增黏摩擦块

图 5.46　研磨子及在转向架上安装位置

后可使轮轨黏着系数提高 30%,这些都说明黏着得到了较大改善[45,46]。目前我国中车集团生产的 CRH2 型动车组也广泛安装了研磨子作为踏面清扫装置[47]。

5.4.1　研磨子增黏效果

　　研磨子增黏试验在滚动磨损试验机上进行,采用双轮对滚接触方式模拟轮轨间的接触行为。试验中通过砝码将研磨子紧压在车轮试样表面,其结构如图 5.47所示。研磨子的作用方式与现场使用方式相同,可通过调节砝码重量为研磨子施加不同的作用力。研磨子为我国 CRH2 型动车组使用,其主要以酚醛树脂为黏结剂,融合定量的增黏金属颗粒组成[48]。根据 CRH2 型动车组研磨子现场施加压力大小进行计算,试验中通过施加压力 10N、50N 和 100N 来模拟现场工况。

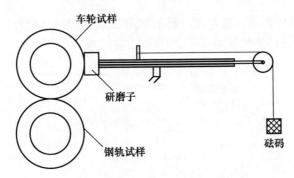

图 5.47　研磨子增黏试验装置示意图

　　水介质和油介质工况下研磨子的增黏效果如图 5.48 所示。从图 5.48 中可以看出,水介质和油介质工况下使用研磨子时轮轨黏着系数出现明显增加,施加压力100N 时水介质和油介质工况下其增黏效果可分别达到 37.60% 和 54.49%。随研磨子施加压力的增加,在水介质和油介质工况下稳定阶段的轮轨黏着系数均呈增加趋势,这表明研磨子与车轮踏面间的作用力越大,研磨子的增黏效果越明显。

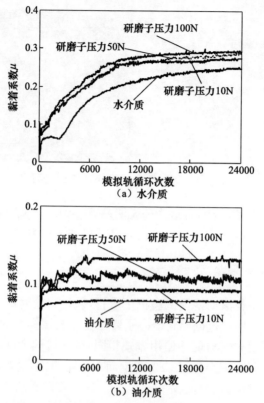

图 5.48　水介质和油介质工况下施加研磨子对轮轨黏着系数的影响(v=200r/min,T=25t,λ=10%)

对比图 5.48 中所示曲线稳定阶段的黏着系数(见图 5.49)可以看出,在水介质和油介质工况下通过施加研磨子平均轮轨黏着系数均得到一定提升,有利于改善

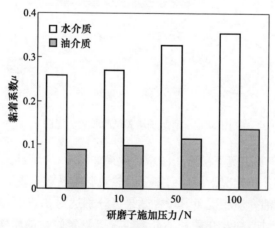

图 5.49　不同研磨子施加压力下增黏效果对比

轮轨低黏着水平。对比黏着系数增加值发现,相同研磨子施加压力作用时油介质工况下研磨子的轮轨增黏效果更佳,对应的三种施加压力油介质工况下黏着系数增加分别达 10.30%、29.91% 和 54.49%。

5.4.2　研磨子对轮轨磨损与损伤影响

图 5.50 为不同研磨子压力下轮轨试样磨损量。从图 5.50 中可以看出,施加研磨子虽能起到较好的轮轨增黏效果,但同时会增加轮轨试样的磨损量。此外,在水介质和油介质工况下轮轨试样的磨损量均随着研磨子施加压力的增加而增大,与研磨子的增黏效果随施加压力的变化规律相一致。

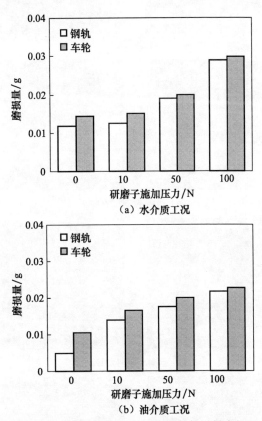

图 5.50　不同研磨子施加压力下轮轨试样磨损量

当研磨子以一定压力施加在车轮试样上时,一方面能清除车轮表面上的污染物而提高轮轨间的黏着水平;另一方面,在车轮与研磨子之间的摩擦作用下研磨子因磨耗会产生大量的细小磨屑,这些磨屑随车轮试样的滚动而不断进入轮轨接触区,发挥硬质颗粒的增黏效果,从而进一步提高轮轨黏着系数。但是,这些硬质颗粒在起到增黏效果的同时,也在轮轨界面间起到磨粒磨损作用,加剧了轮轨的磨损。另外,虽然车轮硬度要大于研磨子硬度,两者之间的摩擦以研磨子的磨损为主,车轮受到的磨损很小,但这同样会影响车轮最终的磨损量[49]。

水介质和油介质工况下研磨子增黏的轮轨试样表面损伤如图 5.51 和图 5.52所示。

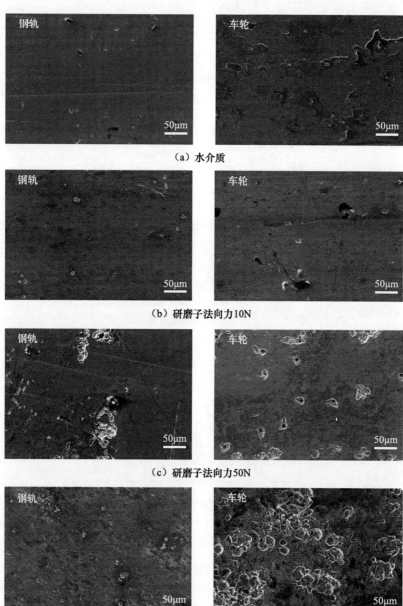

图 5.51　水介质工况不同研磨子压力下轮轨试样表面损伤 SEM 照片

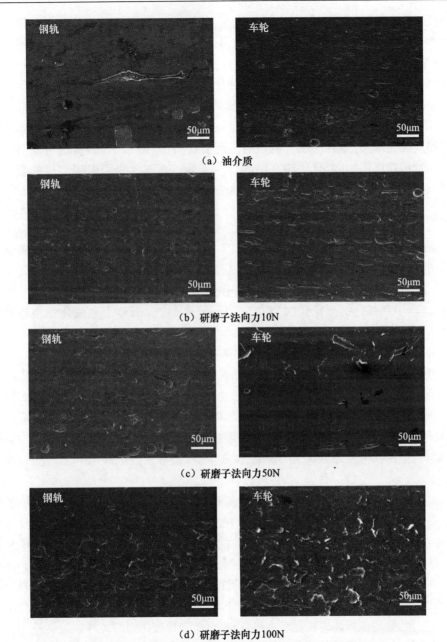

（a）油介质

（b）研磨子法向力10N

（c）研磨子法向力50N

（d）研磨子法向力100N

图 5.52　油介质工况不同研磨子压力下轮轨试样表面损伤 SEM 照片

在水介质工况下,由于水的润滑作用,钢轨表面基本没有损伤,对应的车轮试样主要是轻微的黏着磨损。随研磨子的施加,试样表面出现了较为轻微的点蚀现象,车轮试样表面相对严重,这可能是研磨子中的金属颗粒在轮轨接触区内发生磨粒磨损所致。随研磨子施加压力继续增大,轮轨表面损伤变得十分明显。当施加压力为 50N 时,轮轨试样表面出现了明显的点剥落,这主要是由于大量研磨子金属颗粒进入轮轨界面,在增加轮轨黏着力的同时加重了表面损伤[25]。施加压力越大,形成的研磨子颗粒越多,轮轨剥离损伤也就越严重,如图 5.51(d)所示。

油介质的良好润滑性能,导致磨损量更小,更容易造成疲劳点蚀损伤,如图 5.52(a)所示。施加研磨子后钢轨试样表面点蚀损伤呈明显加重趋势,车轮试样表面点蚀先增加,随后出现了明显的表面裂纹损伤[见 5.52(d)],这可能是研磨子与车轮相互作用加剧,导致油介质的作用减弱。而车轮表面出现明显的裂纹也表明,研磨子的金属颗粒同样会造成轮轨表面的疲劳损伤[25,49]。

5.4.3　硬质颗粒与研磨子增黏效果对比

研磨子在水介质和油介质工况下具有一定的增黏效果,且研磨子对轮轨表面的损伤要小得多。为了对比硬质颗粒与研磨子的增黏效果,研究进行了相同试验参数下的增黏试验。试验方法与前文所述试验方法相同。研磨子选用 50N 的压力,所选砂子和氧化铝粒径分别为 0.5~1mm 和 0.1mm,砂子和氧化铝流量分别取 10g/min 和 5g/min。

图 5.53 为水介质和油介质工况下三种增黏方法的增黏效果对比。可以看出,氧化铝颗粒的增黏效果最为明显,黏着系数增至 0.4 左右,提高约 25%,但仍小于干态工况。水介质工况下撒砂,黏着系数由 0.32 增至 0.36 左右,增加约 12.5%。研磨子的增黏效果相对较差,黏着系数提高至 0.34 左右,增加约 6%。油介质工况下,氧化铝和砂子的增黏效果明显,黏着系数增加至 0.35 和 0.32,分别提高 218%和 190%;使用研磨子增黏时黏着系数非常稳定,黏着系数提高至 0.16 左右,增加约 45%。

水介质和油介质工况下向接触表面撒砂或氧化铝颗粒时,硬质颗粒在接触区内受挤压作用而破碎形成微小颗粒嵌入轮轨表面,在发生相对运动时产生犁沟作用,相当于增加了轮轨间微凸体接触的数量,因而提高了黏着系数。研磨子则是在法向力的作用下紧贴在车轮踏面上,通过与踏面之间的摩擦作用清除踏面上存在的水、油污,并起到增加轮轨表面粗糙度的作用。由于其清扫作用并不能使轮轨表面的污染物完全清除,轮轨表面仍残留有水介质或油介质,且对车轮表面粗糙度的增加量也很有限,故虽能提高轮轨黏着水平,但相对撒砂和氧化铝颗粒的效果要差[50]。

综合上述分析可知,水介质和油介质工况下研磨子可以提高轮轨黏着水平,虽然其增黏效果没有撒砂或氧化铝等硬质颗粒的增黏效果优异,但采用研磨子增黏对轮轨损伤的影响要小,是一种性价比很好的增黏手段,加上其操控更为方便灵活,可以通过调整压力来改善增黏效果,且整体经济成本低,没有撒砂增黏中存在的电路绝缘、高速下无法准确撒砂等风险,因此作为动车组上的增黏措施极为适合。

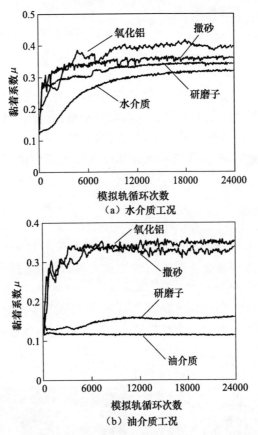

图 5.53　水介质和油介质工况下不同增黏方法对轮轨增黏效果的影响

5.5　磁场作用下轮轨增黏行为

目前国内外铁路上常用的几种增黏方法,包括撒砂、氧化铝颗粒等硬质颗粒增黏和研磨子增黏。撒砂和氧化铝主要是通过硬质颗粒在轮轨接触区之间发挥犁沟作用而产生的剪切力来增加轮轨间的黏着系数;研磨子则是通过与车轮踏面的摩擦而起到清洁踏面的作用,同时摩擦过程中产生的磨屑也可以再次起到硬质颗粒增黏的效果。但是它们的增黏机理决定了它们在产生增黏效果的同时会对轮轨表面产生不同程度的磨损和损伤。

目前,除上述几种增黏方式外,铁路上常用的其他几种增黏方式还有闸瓦制动、电磁轨道制动以及永磁轨道制动[24,51]。但这几种增黏方式严格来说只能算是低黏着工况下的制动手段,它们可以帮助列车在低黏着工况下快速实现制动,防止车轮打滑及制动距离过长等危害,但并没有直接改善轮轨间的黏着水平,且在制动以外的条件下也无法发挥作用。

　　考虑到上述增黏方式存在的一些弊端,寻找一种新型的具有较好增黏效果、较小损伤、更加灵活方便、可控性强的增黏方式,是轮轨增黏措施研究中所面临的极大挑战。

　　王文健等[26,52]探究了使用外加磁场进行轮轨增黏的可能性,并取得了初步成果。但磁场未来能否真正成为一种有效的增黏措施而运用于铁路上,目前尚难定论。我们认为无论其能否最终得以应用,研究磁场作用下轮轨黏着特性都具有很重要的理论和工程意义,相关研究结果希望能为未来新型增黏技术和方法的进步做出一点贡献。

5.5.1　试验方法简介

　　增黏试验在 JD-1 轮轨模拟试验机上进行,试验采用 Hertz 模拟准则进行。试验中通过在模拟轮两侧加装永磁磁铁的方式来模拟施加磁场作用,如图 5.54 所示。所选磁铁型号为 $\Phi15mm\times5mm$,牌号 N35。安装方式:假设磁铁同性磁极一边为 N 级,一边为 S 级,安装时把所有 N 级相对安装在模拟轮两侧或所有 S 级相对安装在模拟轮两侧,这样就会在模拟轮表面形成一定强度的磁场,磁场强度可以通过安装不同数量的磁铁进行调整[25,52]。

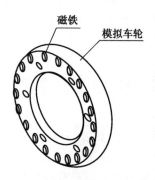 

（a）模拟小轮加磁模型　　　　　　（b）模拟轮照片

图 5.54　模拟车轮磁铁安装示意图

5.5.2　水介质和油介质工况下磁场的增黏效果

　　图 5.55 为水介质工况下磁场的增黏效果。从图 5.55 中可以看出,水介质工况下有磁场作用的轮轨黏着系数大于无磁场作用下的黏着系数,增幅约为 35%,但其值仍小于干态工况下的黏着水平。油介质工况下磁场同样可以起到不错的增黏效果,有磁场作用的轮轨黏着系数大于无磁场作用下的黏着系数,增幅约为

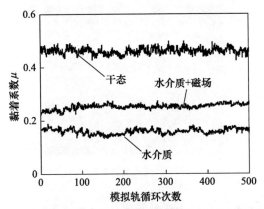

图 5.55　水介质工况下磁场对轮轨黏着系数的影响($v=100$km/h，$T=21$t，$\lambda=0.5\%$)

60%(见图 5.56)。因此可以认为,在水介质和油介质工况下轮轨间施加的外加磁场起到了一定的增黏效果。

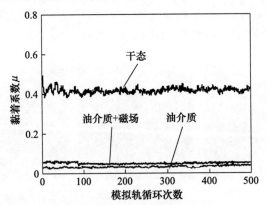

图 5.56　油介质工况下磁场对轮轨黏着系数的影响($v=100$km/h，$T=21$t，$\lambda=0.5\%$)

　　由于空气的相对磁导率只有 1,而车轮钢的相对磁导率远大于空气,并且钢和铁材料具有一定的聚磁能力[53],因此当在试验轮圆周安装永磁铁时,磁铁在车轮周围形成外加磁场,在车轮表面的磁场强度最大。而轮轨接触区内存在的第三介质所形成的润滑膜膜厚通常只有几微米,并不会阻碍磁力线的穿透作用,因此试验中模拟轨就会受到车轮表面磁场的磁力作用。在磁场力和接触载荷的共同作用下,轮轨表面有更多的微凸体发生接触,使轮轨界面黏着水平显著改善。

　　此外,在试验过程中可以明显发现,在外加磁场作用下,轮轨接触区产生的磨屑很快被吸附到模拟轮圆周加装的磁铁上,如图 5.57 所示。以往的研究表明,轮轨接触区内磨屑在干态工况下常常充当固体润滑剂而导致黏着系数下降,而水介质和油介质工况下磨屑会与存在的第三介质混合而形成膏状润滑剂,使黏着系数进一步下降,造成低黏着的发生。因此,在外加磁场的作用下轮轨接触区产生的

图 5.57　轮轨表面磨损产生铁屑

磨屑被大量清除,同样可以改善轮轨黏着水平。

5.5.3　不同磁场强度的增黏效果

　　试验中通过改变模拟轮两侧的磁铁数量,即按单侧 10、20 和 30 个分布均匀排列在模拟轮圆周侧表面,以此来改变磁场强度进行试验,模拟轮两个侧面磁铁一一对应,并且同性磁极相对进行安装,如图 5.58 所示。

　　（a）单侧10个磁铁　　　　（b）单侧20个磁铁　　　　（c）单侧30个磁铁

图 5.58　安装不同数量磁铁的模拟轮

　　水介质和油介质工况下磁场强度对轮轨增黏的影响如图 5.59 和图 5.60 所示。水介质工况下,当磁铁数量由 10 个增加到 20 个时,轮轨黏着系数明显上升,当磁铁数量由 20 个增加到 30 个时,黏着系数未见明显上升。对比油介质工况下的结果,不同磁铁数量条件下轮轨黏着系数没有很明显的差异。

　　我们认为,目前还不能断定磁场强度对轮轨间的增黏效果具有哪种影响。一方面,由于试验过程中,试验轮在外加磁场作用下会产生磁化作用,受目前试验条件的限制,试验后试样上的余磁未能得到去磁处理,进而会在后续的试验中产生干扰磁场,影响试验结果的准确性。另一方面,考虑到试验机的结构特性,试样安装在夹具上,通过夹具上部的液压缸进行垂向加载,试验轮上的磁场在对下方的模拟轮轨产生磁场作用的同时,会对上方的夹具产生磁场作用。由于试验轮与上方夹

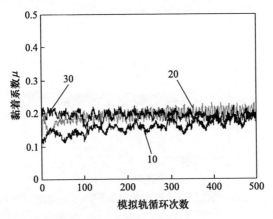

图 5.59　水介质工况下磁场强度对轮轨黏着系数的影响（v＝100km/h，T＝21t，λ＝0.5％）

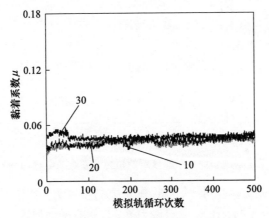

图 5.60　油介质工况下磁场强度对轮轨黏着系数的影响（v＝100km/h，T＝21t，λ＝0.5％）

具存在一定的距离，当外加磁场较小时，对上方夹具的磁场作用极其微弱，而当磁场强度增大到一定值后，对上方夹具的磁场作用就会变得显著，再加上其磁力方向与下方模拟轨受到的磁力作用刚好相反，因此增大的磁场强度就会被抵消掉，未能产生明显的作用。

5.5.4　磁场下速度对黏着的影响

　　水介质和油介质工况下，由于接触区内润滑膜的膜厚受速度的影响很大，膜厚会随着速度的增加而增加，导致黏着系数降低。但是，在外加磁场的作用下黏着系数受速度的影响会削弱很多。图 5.61 和图 5.62 给出了水介质、油介质与磁场工况下速度对轮轨黏着系数的影响。从图中可以看出，水介质和油介质工况下，当对轮轨试样施加磁场时，速度对轮轨黏着系数的影响较小，其值基本无变化。

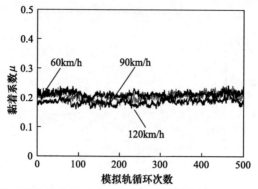

图 5.61　水介质工况磁场作用下速度对轮轨黏着系数的影响($T=21t,\lambda=0.5\%$)

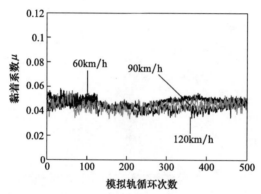

图 5.62　油介质工况磁场作用下速度对轮轨黏着系数的影响($T=21t,\lambda=0.5\%$)

　　根据质点的达朗贝尔原理[54]分析,车轮上的主动力(牵引力)、约束力(包括磁力)和虚加的惯性力在形式上组成平衡力系,无论速度如何变化,约束力都会调节这个力系保持平衡,便有了速度对黏着影响很小的情况。当施加磁场后,由于磁场力的存在,当速度变化时,在水介质和油介质工况下影响轮轨黏着力的主要因素是磁场,此时速度的影响将被大大减弱,甚至可以忽略不计,因此认为磁场对轮轨界面黏着水平具有更明显的影响[52]。

　　本节简要介绍了我们对磁场作用下轮轨增黏行为的一些初步研究结果。总体来看,通过外加磁场来提高轮轨低黏着工况下的黏着水平是具备一定可行性的。试验中水介质和油介质工况下,磁场的增黏效果接近于研磨子的增黏水平;而且外加磁场在起到增黏效果的同时还能吸附轮轨磨损产生的磨屑,从而可以减少磨屑的磨粒磨损作用。此外,在外加磁场作用下黏着系数受速度的影响将大幅削弱,从而可以用来改善以往高速带来的轮轨黏着水平恶化的局面。

　　综上所述,我们认为,尽管目前对磁场作用下轮轨黏着行为的研究才刚刚开始,很多机理还都没有得到明确结论,需要更为深入和系统的研究工作。磁场增黏真正能够应用于铁路现场还将需要更为深入的研究和工程设计,相信磁场增黏方式未来一定能够在轮轨增黏中起到很好的作用。

参 考 文 献

[1] GM/GN 2642, Guidance on Wheel/Rail Low Adhesion Measurement, Issue One: February 2008, Rail Safety and Standards Board, Block 2, Angel Square, 1 Torrens Street, London EC1V 1NY.

[2] GM/GN 2695, Guidance on Testing of Wheel Slide Protection Systems Fitted on Rail Vehicles, Issue 1, December 2010, Rail Safety and Standards Board, Block 2, Angel Square, 1 Torrens Street, London EC1V 1NY.

[3] Fletcher D I, Lewis S. Creep curve measurement to support wear and adhesion modelling, using a continuously variable creep twin disc machine. Wear, 2013, 298-299: 57—65.

[4] Zhang W H, Chen J Z, Wu X J, et al. Wheel/rail adhesion and analysis by using full scale roller rig. Wear, 2002, 253(1-2): 82—88.

[5] Jin X S, Zhang W H, Zeng J, et al. Adhesion experiment on a wheel/rail system and its numerical analysis. Proceedings of the Institution of Mechanical Engineers, Part J: Journal of Engineering Tribology, 2004, 218(4): 293—304.

[6] Nagase K. A study of adhesion between the rails and running wheels on main lines: Results of investigations by slipping adhesion test bogie. Proceedings of the Institution of Mechanical Engineers, Part F: Journal of Rail and Rapid Transit, 1989, 203(1): 33—43.

[7] Lewis R, Gallardo-Hernandez E A, Hilton T, et al. Effect of oil and water mixtures on adhesion in the wheel/rail contact. Proceedings of the Institution of Mechanical Engineers, Part F: Journal of Rail and Rapid Transit, 2009, 223(3): 275—283.

[8] Gallardo-Hernandez E A, Lewis R. Twin disc assessment of wheel/rail adhesion. Wear, 2008, 265(9-10): 1309—1316.

[9] Wang W J, Wang H, Wang H Y, et al. Sub-scale simulation and measurement of railroad wheel/rail adhesion under dry and wet conditions. Wear, 2013, 302(1-2): 1461—1467.

[10] Dowson D, Higginson G R. Elasto-hydrodynamic Lubrication. London: Pergamon Press, 1977.

[11] 张鹏顺, 陆思聪. 弹性流体动力润滑及其应用. 北京: 高等教育出版社, 1995.

[12] 温诗铸, 杨沛然. 弹性流体动压润滑. 北京: 清华大学出版社, 1992.

[13] Ohyama T, Ohya M. Influence of surface characteristics on adhesion force between wheel and rail(Application of EHL Theory to water lubrication of steel rolling members and the mechanism of asperity contact through water film). Transactions of the Japan Society of Mechanical Engineers, Part C, 1986, 52(475): 1037—1046.

[14] 杨翊仁, 张继业, 金学松. 轮轨水介质接触的完全数值分析方法. 铁道学报, 1998, 20(4): 31—36.

[15] 杨翊仁, 张继业, 赵华. 水介质对轮轨粘着特性的影响. 铁道学报, 2000, 22(2): 31—34.

[16] Chen H, Yoshimura A, Ohyama T. Numerical analysis for the influence of water film on adhesion between rail and wheel. Proceedings of the Institution of Mechanical Engineers, Part J: Journal of Engineering Tribology, 1998, 212(5): 359—368.

[17] Chen H, Ban T, Ishida M, et al. Adhesion between rail/wheel under water lubricated contact. Wear, 2002, 253(1-2): 75—81.

[18] Chen H, Ishida M, Nakahara T. Analysis of adhesion under wet conditions for three-dimensional contact considering surface roughness. Wear, 2005, 258(7-8): 1209—1216.

[19] Zhu Y, Olofsson U, Söderberg A. Adhesion modeling in the wheel-rail contact under dry and lubricated conditions using measured 3D surfaces. Tribology International, 2013, 61: 1—10.

[20] Tomberger C, Dietmaier P, Sextro W, et al. Friction in wheel-rail contact: A model comprising interfacial fluids, surface roughness and temperature. Wear, 2011, 271(1-2): 2—12.

[21] 刘启跃, 王文健, 何成刚. 摩擦学基础及应用. 成都: 西南交通大学出版社, 2015.

[22] 孙琼, 臧其吉. 喷撒颗粒的增粘机理研究. 中国铁道科学, 2000, 21(4): 44—50.

[23] 刘腾飞, 王文健, 郭火明, 等. 不同介质对轮轨增粘与磨损特性影响. 摩擦学学报, 2014, 34(2): 153—159.

[24] 范燕. 永磁轨道制动. 国外铁道车辆, 1997, (5): 34—37.

[25] 申鹏. 轮轨黏着特性试验研究[博士学位论文]. 成都: 西南交通大学, 2012.

[26] Wang W J, Zhang H F, Liu Q Y, et al. Investigation on adhesion characteristic of wheel/rail under the magnetic field condition. Proceedings of the Institution of Mechanical Engineers, Part J: Journal of Engineering Tribology, 2016, 230(5): 611—617.

[27] Lewis S R, Lewis R, Richards P, et al. Investigation of the isolation and frictional properties of hydrophobic products on the rail head, when used to combat low adhesion. Wear, 2014, 314(1-2): 213—219.

[28] Wang W J, Liu T F, Wang H Y, et al. Influence of friction modifiers on improving adhesion and surface damage of wheel/rail under low adhesion conditions. Tribology International, 2014, 75(5): 16—23.

[29] 金雪岩, 刘启跃, 王夏秋. 轮轨粘着-蠕滑特性试验研究. 铁道学报, 2000, 22(1): 36—39.

[30] 申鹏, 王文健, 张鸿斐, 等. 撒砂对轮轨粘着特性的影响. 机械工程学报, 2010, 46(16): 74—78.

[31] 蒋立忱, 大野薫. 通过喷射陶瓷粒子来增大轮轨间的粘着力. 铁道机车与动车, 1997, (8): 24—29.

[32] Arias-Cuevas O. Low adhesion in the wheel-rail contact [PhD Thesis]. Delft: Delft University of technology, 2010.

[33] Lewis R, Dwyer-Joyce R S, Lewis J. Disc machine study of contact isolation during railway track sanding. Proceedings of the Institution of Mechanical Engineers, Part F: Journal of Rail and Rapid Transit, 2003, 217(1): 11—24.

[34] Andrews H I. Railway Traction-the Principles of Mechanical and Electrical Railway Trac-

tion. Amsterdam:Elsevier,1986.

[35] Kumar S,Krishnamoorthy P K,Rao D L P. Wheel-rail wear and adhesion with and without sand for North American locomotive. Journal of Engineering for Industry,Transactions of the ASME,1986,108(2):141—147.

[36] Arias-Cuevas O,Li Z,Lewis R. A laboratory investigation on the influence of the particle size and slip during sanding on the adhesion and wear in the wheel-rail contact. Wear, 2011,271(1-2):14—24.

[37] Omasta M,Machatka M,Smejkal D,et al. Influence of sanding parameters on adhesion recovery in contaminated wheel-rail contact. Wear,2015,322-323:218—225.

[38] Huang W L,Cao X,Wen Z F,et al. A sub-scale experimental investigation on the influence of sanding on adhesion and rolling contact fatigue of wheel/rail under water condition. Journal of Tribology,Transactions of the ASME,2017,139(1):11401—11408.

[39] Cao X,Huang W L,He C G,et al. The effect of alumina particle on improving adhesion and wear damage of wheel/rail under wet conditions. Wear,2016,348-349:98—115.

[40] Dwyer-Joyce R S,Sayles R S,Ioannides E. An investigation into the mechanism of closed three-body abrasive wear. Wear,1994,175(1-2):133—142.

[41] Fang L,Kong X L,Su J Y. ,et al. Movement patterns of abrasive particles in three-body abrasion. Wear,1993,162-164:782—789.

[42] Grieve D G,Dwyer-Joyce R S,Beynon J H. Abrasive wear of railway track by solid contaminants. Proceedings of the Institution of Mechanical Engineers,Part F:Journal of Rail and Rapid Transit,2001,215(3):193—205.

[43] 张松. 高粘着合金铸铁闸瓦的开发. 国外机车车辆工艺,1995,(3):36—37.

[44] 大野熏,王书傲. 多孔质氧化铝增粘着滑块的研制. 国外铁道车辆,1986,(4):44—45.

[45] 大野熏,林航空. 增粘材料喷射装置(喷砂器). 国外内燃机车,2007,(2):11—14.

[46] 伴巧,刘新明. 减缓轮轨摩擦的研究. 国外铁道车辆,2006,43(6):37—41.

[47] 裴顶峰,张国文,党佳,等. 动车踏面清扫器研磨子的研制. 中国铁道科学,2011,32(3): 142—144.

[48] 傅佩喜. CRH2 型动车组研磨子国产化研究. 铁道车辆,2010,48(7):27—30.

[49] 王文健,郭火明,刘启跃,等. 水油介质下研磨子对轮轨增黏与损伤影响. 机械工程学报, 2015,51(5):71—75.

[50] 刘腾飞,王文健,郭火明,等. 介质作用下轮轨增粘特性. 中国表面工程,2013,26(1):79— 85.

[51] 刘汝让. 磁轨制动及其作用原理. 机车车辆工艺,2001,(5):1—4.

[52] 张鸿斐,王文健,王海洋,等. 磁场作用下轮轨黏着特性研究. 润滑与密封,2011,36(4): 27—29.

[53] 任吉林,林俊明. 电磁无损检测. 北京:科学出版社,2008.

[54] 哈尔滨工业大学理论力学教研室. 理论力学. 北京:高等教育出版社,2002.

第 6 章　轮轨黏着系数现场测量与利用控制

目前关于轮轨黏着的试验研究大都是在实验室中开展的模拟试验,包括盘-盘小尺寸模拟、销-盘模拟和全尺寸轮轨模拟等,而直接开展现场试验研究则相对较少。这一方面是因为现场研究所需的试验成本较高;另一方面则是相比于实验室模拟试验来说,很多试验参数具有不可控性和随机性;此外,还有试验的重复性、易操作性、时间等方面的限制。

6.1　轮轨黏着系数现场测量

相较于现场研究,实验室研究无论小尺寸模拟还是全尺寸模拟都面临所得结果与现实是否相符的问题。轮轨黏着是一个系统性的、开放性的问题,环境条件、表面粗糙度、轮轨接触的界面行为等因素都会对黏着状态产生一系列的影响,而这些影响因素并不能在实验室中进行完美模拟。此外,小尺寸模拟还无法避免尺寸效应、型面磨耗等因素的影响,而全尺寸模拟则往往受限于蠕滑率控制的问题。

因此,开展相关的现场试验研究以加强对轮轨黏着问题的认知,对轮轨关系学科的发展来说是必不可少的。自 20 世纪 80 年代末,法国国家铁路和日本铁路部门分别在实际线路上开展轮轨黏着问题的研究以来,越来越多的机构开始采用不同的方法进行相关的理论研究或应用研究。特别是现在随着计算机技术、微电子技术等的飞速发展,关于现场测定黏着系数的方法也变得越来越多样化、简易化和智能化,为更好、更方便地开展现场研究打下了良好的基础。

以下介绍几种比较常见的现场测量轮轨黏着系数的方法和技术。

6.1.1　特殊转向架系统

1989 年,Nagase[1]设计了一种特殊的转向架安装于列车上,用来进行轮轨黏着的现场研究。该转向架的结构如图 6.1 所示[1],与标准转向架相比,这种转向架的心盘不在两轴的中间而是偏向于基准轴 D_1,所以基准轴 D_1 的轴重 T_1 比滑动轴 D_2 的轴重 T_2 大,通常 T_1 是 T_2 的两倍。另外,基准轴 D_1 的车轮半径 r_1 比滑动轴 D_2 的车轮半径 r_2 稍大,这样随离合器的啮合两轴以相同的转速转动,车轮半径较小的滑动轴上的轮对就会发生滑动或者空转,这样就可以通过人为创造滑动并保持一个稳定的蠕滑率来进行轮轨界面黏着系数的测定。

其测试方法是,在列车运行中随着离合器的激励,滑动轴上轮对的蠕滑率瞬时发生变化,从 0 开始上升到预定值($\lambda_{预设} = \dfrac{r_1 - r_2}{r_1}$)。在这段过程中,通过测定驱动轴上的扭矩得到滑动轴轮对上所受的黏着力大小,通过测定滑动轴、基准轴上轮对的转速得到相应的蠕滑率,把所得数据一一对应,便得到最终的黏着-蠕滑曲线,如图 6.2 所示[1]。

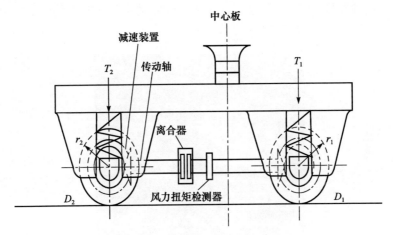

图 6.1　试验转向架示意图[1]

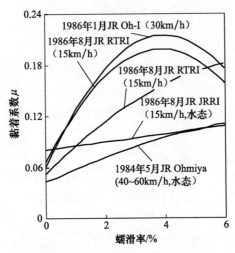

图 6.2　Nagase 在各条线路上测得的黏着-蠕滑曲线(预设蠕滑率 5%)[1]

6.1.2　IWS 系统

　　IWS(istrumented wheelset)系统是把专用的检测车轮按照研究对象安装到相应的转向架(机车或车厢)上,然后列车在被检测线路上按照试验设定的要求正常行驶,最终对采集的各种数据进行分析处理,获得相应的测试结果。这种检测车轮与机车上所用的标准轮不同,往往需要进行特殊的加工处理,在保证安全行驶的前提下去除大量金属材料以保证搭载的传感器具有较高灵敏度来获得更加准确的数据。如图 6.3 所示[2],该检测车轮上共搭载有 11 个传感器,其中四个测量横向力,四个测量位置,两个测量垂直载荷,一个测量扭矩。实时采集的数据经过调频、去噪处理后,传输到控制系统,经分析计算得到最终的运行数据(速度、加速度、蠕滑率、轴重、冲角、黏着系数等)。

图 6.3　安装在车轮各处的应力传感器[2]

　　Magel 等[2]利用安装在 Acela 列车上的四个检测车轮(两个安装在机车转向架上,两个安装在车厢转向架上)所采集的 6h 运行数据,对机车和客车的牵引系数、黏着、爬轨系数、磨损和疲劳破坏系数等进行了对比研究。

6.1.3　机车自测黏着系数

　　随着技术的不断发展,近 30 年来,机车上开始搭载越来越多的监测装置,用于采集、分析、处理机车运行中各种运行状态下的运行参数,包括扭矩、速度、加速度、冲角、蠕滑率等。基于以上采集的各类数据,列车上搭载的防空转系统或防滑系统,便可以判定列车是否有发生空转或滑行的趋势,从而通过自动控制电机的输出功率,防止滑行或空转的产生,保证列车安全高效地运行。同样,研究人员在进行轮轨黏着现场试验研究时,便可以通过相关的试验设计,对系统在特定轨面上运行时采集的数据进行分析,以获得相应的试验结果。

　　这种测试方法是直接利用机车自身嵌载的牵引力测控系统和防滑系统进行轮轨黏着性能测试。利用机车搭载的测试系统可以在机车运行中持续获得机车的速度、加速度、各轴扭矩、蠕滑率等数据,通过分析发生滑行时的各项数据,就可以获得相应的黏着系数。但需要注意的是,为获得较好的运行状态,机车上各转向架的第一根轴通常会被人为制造一点滑动,因此通过该检测系统得到的数据并不是各轴的检测数据,而是各转向架的检测数据。系统在判定滑行时往往采用的并不是各轴直接检测到的蠕滑率,而是整个转向架上各轴蠕滑率的平均数,当这个平均滑动速度大于系统设置的阈值(如文献[3]中采用 0.1~0.3m/s)时,系统便会判定该转向架发生滑动,此时根据该转向架上的平均扭矩和轴重,便可求得此刻的轮轨黏着力与黏着系数。

　　Lundberg 等[3]在现场测定轨面摩擦改进剂对黏着性能影响的试验中,利用一辆搭载测试系统的 IORE 列车,在一段 330m 的轨道上,以满载、全功率状态进行了干态和润滑工况的黏着测试,并将测得的结果与每次试验前后用手推式黏着测试仪所测得的黏着系数进行了对比,以验证手推式黏着测试仪结果的真实性。在测试过程中,发现使用轨面摩擦改进剂会带来严重的黏降问题,且手推式黏着测试仪的结果往往高于实际值,这一结论也与 Harrison 等[4]的分析结果一致。

6.1.4　加速度计算测量

　　Arias-Cuevas 等[5]在研究落叶工况下撒砂增黏效果的现场试验中,设计了一种利用加速度测量轮轨黏着系数的方法。根据搭载黏着控制系统的机车在高黏着和低黏着工况下牵引力的变化特性(见图 6.4),用一节普通的动力机车在一段 23m 长的轨道上进行了多种工况下的全功率加速试验。机车上搭载有分米级的 GPS 定位系统,用来记录试验过程中机车的位移、速度、时间等数据。然后用测得的数据,计算出相应的加速度,并在忽略机车运行中所受的阻力、轴重转移等条件下,计算出各工况下的最大、最小和平均黏着系数。

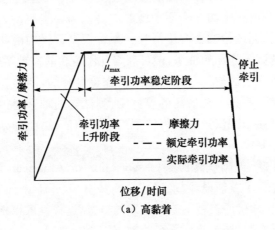

（a）高黏着

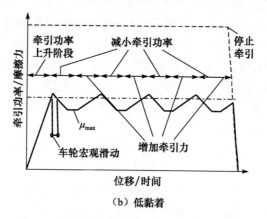

（b）低黏着

图 6.4　高黏着和低黏着工况下牵引力特性[5]

高黏着工况（可用黏着力大于机车最大牵引力）下，当机车保持以最大的牵引功率运行时，牵引力直线上升，达到电机功率的限制后保持稳定；低黏着工况下（可用黏着力小于机车最大牵引力），机车同样以最大的牵引功率运行时，当牵引力达到并开始超过可用黏着力，车轮就会发生空转，黏着控制系统就会立即通过调整机车牵引功率使牵引力下降，当空转消失后，又重新调整牵引功率，牵引力再次开始线性增长，直到再次达到并开始超过黏着力的状态，黏着控制系统再次进行调整。

6.1.5　手推式黏着测试仪

手推式黏着测试仪的工作原理是：制动过程中，当制动力大于轮轨间的最大黏着力时，车轮就会发生滑行。在测试过程中，试验人员推动测试仪在钢轨上移动，达到一个稳定的走行速度后，启动测试程序，通过控制测试仪上安装的电磁制动离合的输入电流，对测试轮施加一个不断增加的制动力。当制动力增大到超过轮轨的最大黏着水平时，测试轮就会产生滑移。系统根据记录中滑移产生前的最大制动力和试验中对测试轮施加的轴重，便可获得此段轮轨的黏着系数[6]。

手推式黏着测试仪最初是由英国铁路研究院设计的，用来在新型设备的刹车试验中提供轮轨黏着系数。在最初的设计中，测试轮的轴重通过一杠杆臂进行重力控制。这一设计使测试仪只能进行轨顶的黏着测试，轨距面处的黏着系数受杠杆的限制无法进行测定。

为解决此类问题，美国铁路协会（Association of American Railroads）对该黏着测试仪的结构进行了重新设计，采用一个弹簧枢轴（spring loaded pivot）对试验轮施加稳定的轴重，取代原杠杆轴施加轴重的方式，这样就可以保证在轨面上的任何位置测量黏着系数时，试验轮所承受的轴重不变。之后，Salient Systems 公司的研究人员又在测试仪中嵌入了新的控制系统来自动控制测试仪电磁离合中的电流回路,以实现更方便和快捷的操作。在以上两个改动的基础上,最终推出了商业产品手推式黏着测试仪(hand-pushedtribometer),如图 6.5 所示[4]。

图 6.5　商用手推式黏着测试仪[4]

　　由于上述手推式黏着测试仪在测试过程中,操作者需保持一个稳定的走行速度(约 5km/h),在 3s 内完成测试,因此使用手推式测试仪每次仅只能完成一小段钢轨的测试。而在现场测试中,因为被测试线路往往还处于运营状态,所以测试时间便成为现场试验中需考虑的重要因素。为解决此类问题,Salient Systems 公司又重新研发了新一代的黏着测试仪(TriboRailer),如图 6.6 所示[4]。该测试仪由四轮、双壳底盘构成,并搭载有数据自动收集、处理系统以及 GPS 定位系统,可自动获得各处位置的速度、蠕滑率、黏着系数等各项参数。同时该测试仪可直接搭载在铁路测量车上,在高速运动下(45km/h)完成各项测试,缩减测试时间。此外,与手推式测试仪的单轮相比,新型测试仪可同时完成轨顶面和轨距面的黏着系数测试[4]。

图 6.6　新一代商用手推式黏着测试仪[4]

6.1.6　钟摆式摩擦测试仪

　　钟摆式摩擦测试仪(pendulumtester)是利用能量损失原理,通过测定能量损失计算被测平面的摩擦系数。其结构与摆锤式冲击试验机相似,如图 6.7 所示[7]。

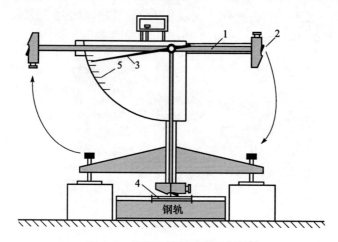

图 6.7　钟摆摩擦测试仪结构图[7]

1. 钟摆臂;2. 滑块;3. 指针;4. 滑移长度;5. 损失能量刻度盘

　　钟摆式摩擦测试仪最初用于测定公路路面的摩擦系数和地板材料的抗滑性能等。自 Lewis 等[8]在试验中评估过这种测量方法的可靠性后,如今也广泛应用于轮轨界面的黏着试验中,通过测定钢轨表面的摩擦系数来判定其黏着水平。钟摆式摩擦测试仪每次只能测定一小段距离(127mm)的钢轨,并且测得的数据是纯滑动状态下的摩擦系数,并不能完全模拟轮轨接触状态,但是由于其结构简单、适用性强、成本较低等优点,可以作为一种快速、便捷的方法对轮轨黏着进行准确评估。

　　在测试过程中,松开钟摆臂后,钟摆臂从起始位置转到 90°角时,安装在钟摆臂末端的橡胶滑块(用一预紧力弹簧和一螺栓固定,保证滑块滑过试样的过程中垂直载荷不变)开始与试样表面接触,并随摆臂的继续运动滑过试样[滑动轨迹为(127±1)mm]。最后,通过记录摆臂在终点处达到的位置刻度,便得到滑块与试样摩擦过程中的能量损失抗滑值(slip resistance value, SRV),并由公式 $\mu = \left(\dfrac{110}{\mathrm{SRV}} - \dfrac{1}{3}\right)^{-1}$ 求得所测表面的摩擦系数。

　　Lewis 等[8~10]首次使用钟摆测试仪进行轮轨黏着的试验研究,包括实验室和现场条件下的干态工况、污染状态(水、油、落叶等)和摩擦改进剂条件下的黏着测试,并将试验结果分别与实验室双盘对滚试验机和现场手推式黏着测试仪所得的结果进行对比分析,论证了利用钟摆测试仪在实验室和现场测量黏着系数的可行性。Moreno-Rios 等[7]使用钟摆式摩擦测量仪在实验室条件下和现场条件下分别进行了干态工况、污染状态下的黏着测试,并与其他研究者利用不同测量装置得出的结果进行了对比,同样证明了此方法的可行性。

6.2　黏着系数利用控制

　　黏着反映的是轮轨界面的相互作用状态,是一个较复杂的物理量,与车辆的结构参数及轮轨的表面状况等因素直接相关,通常用黏着系数对其进行量化研究,用黏着特性曲线对其进行分析。通过以往的大量实践及试验研究,可得到图 6.8 所示的不同轨面工况下的黏着特性曲线[11]。从图 6.8 中可发现,各工况下的黏着特性曲线变化趋势均为:在黏着区,随着蠕滑率的增加,黏着系数也不断变大,最终达到黏着峰值点;当蠕滑率继续增加时,黏着系数不再增大反而开始出现下降趋势,进入非稳定区。显然只有当黏着工作点位于黏着峰值点时,黏着利用率才会最高。因此,从黏着特性曲线变化可知,提高黏着利用率就是要通过黏着控制系统快速识别并跟随黏着特性的变化,使实际黏着工作点始终处于黏着峰值点附近。基于如何控制实际黏着工作点,并使其趋近于黏着峰值点,黏着控制方法大致可分为以下几种。

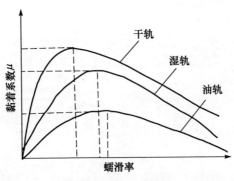

图 6.8　黏着特性曲线[11]

6.2.1　基于蠕滑速度和轮对角加速度判别的控制法

　　这种方法主要是利用机车上搭载在各驱动轴上的传感器检测各轴转速,直接计算其蠕滑速度及角速度,通过与设定的阈值比较,判定是否需要进行调控。这种方法简单易行,且技术最为成熟,是目前使用最广泛的黏着控制方法,其典型代表就是组合控制法。

　　组合控制法组合了两种控制方法:极值法和反馈法。极值法是对系统预设一阈值,当检测到轮对的蠕滑速度超过这一阈值时,通过对牵引电机输入电流的调控,控制滑行的产生;反馈法同样是基于蠕滑速度检测的控制方法,但其调控过程是根据一特定的电流-时间函数对牵引电机的电流进行调控。相对来说,反馈法比较适合于轮对滑行的早期控制,但是一旦进入持续的黏着恶化,就很难将其重新控制进入黏着稳定区;而极值法通过对牵引电机输入电流的大幅度削减,可以有效遏制轮对的滑行或空转,但会导致牵引力的频繁波动和牵引功率的下降。因此,将这两种控制方法结合起来的组合控制法就可以获得更好的黏着控制效果[12,13]。

组合控制法以蠕滑速度和加速度作为检测指标。通过安装在各驱动轴上的传感器检测机车上各轴转速(v_1, v_2, v_3, v_4),进而计算各转向架的平均速度(v_{a1}, v_{a2})、加速度(a_1, a_2)和蠕滑速度(s_1, s_2);其中蠕滑速度计算公式为 $s_i = v_{ai} - v_{ref}$。加速时取

$$v_{ref} = \min(v_1, v_2, v_3, v_4) \tag{6.1}$$

减速时取

$$v_{ref} = \max(v_1, v_2, v_3, v_4) \tag{6.2}$$

当机车上有从动轴时,也可直接利用从动轴转速作为 v_{ref}。

其控制过程如图 6.9 所示[14],主要包括:为系统预设一蠕滑阈值和一加速度阈值。当所测蠕滑速度小于所设阈值时,利用反馈法,控制辅助电机输出转矩以实现迅速的微量调整;而当蠕滑速度超过阈值时,轮对进入空转或滑行状态,此时需采用极值法控制动轮驱动转矩降低到一定值,持续一定时间使黏着恢复后再回升到原来的大小。

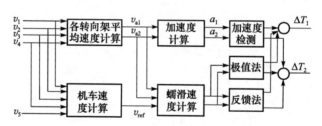

图 6.9　校正法控制框图[14]

v_1、v_2、v_3、v_4. 同一机车上四根轴的平均速度;v_5. 整车速度;v_{a1}、v_{a2}. 机车上前后转向架的平均速度;

a_1、a_2. 机车上前后转向架的加速度;v_{ref}. $v_1 \sim v_5$ 中选出的作为计算轮对蠕滑率的参考速度

当系统检测到转向架的加速度超过所设的加速度阈值时,判定所有的转轴都处于失控状态,则快速并深度削减驱动转矩,使空转得到强烈抑制。

组合控制法是目前最为成熟的黏着控制系统,在实际中已得到广泛应用,但由于它需要设定一个蠕滑参考值并调整实际蠕滑速度趋向这个值。如果路况变坏,尤其是所选择的蠕滑参考值与实际最优蠕滑速度相差甚远时,会导致车轮损伤等许多问题[15]。

此外,这种方法还存在一些其他的问题:首先,由于检测与控制时间的滞后性,这种方法往往是"事后控制",并不能保证最大的黏着利用;其次,轮轨间的黏着特性是一个开放性、动态性的问题,而系统预设的控制阈值多是基于以往经验设定的

定值,同样不能保证最大的黏着利用。最后,计算蠕滑速度的过程中,车身速度至关重要,传统的计算中,通常是加速时取所测轴速的最小值,减速时取所测轴速最大值作为车身速度,或是直接以非驱动轴转速作为车身速度,但是当所有的轴都处于空转或滑行状态时,这种计算方法就变得不可行。虽然目前也有提出利用车载GPS 系统、反射光技术或开普勒雷达等新技术直接测车身速度的方法,但是由于目前还不能保证其在山谷、隧道等复杂环境下工作的准确性,加上增添设备带来的成本提升问题,未能得到推广。

6.2.2　基于机车简化动力学模型的控制法

这种控制方法通常是基于机车的简化动力学模型,利用状态观测器对机车运行中轮轨间传递的黏着力矩进行估计。

基于机车的运动方程

$$M \frac{\mathrm{d}v}{\mathrm{d}t} = F - F_{阻} \tag{6.3}$$

和牵引电机的转矩方程

$$J \frac{\mathrm{d}\omega}{\mathrm{d}t} = T_{\text{motor}} - Fr \tag{6.4}$$

可以很容易地利用状态观测器直接估计轮轨间的黏着力矩 $T_{\mathrm{L}} = Fr$。

近年来用于估测牵引电机牵引扭矩的观测器技术发展十分迅速,经历了从全维观测器到降维观测器,再到鲁棒性强的扰动观测器的发展阶段,目前技术已经十分成熟,并已在日本新干线成功运用[11,12,16],在此不做详细介绍,有兴趣的读者可查阅文献进行研究。

估测出牵引力矩后,根据

$$F = \mu N = \frac{T}{r} \tag{6.5}$$

可以求得当前的轮轨黏着系数为

$$\mu = \frac{T}{Nr} \tag{6.6}$$

1. 利用 PI 控制器的直接扭矩控制

由黏着特性曲线可知,在黏着峰值点处黏着曲线的斜率为

$$\frac{\partial \mu}{\partial \lambda} = 0 \tag{6.7}$$

分子、分母同时对时间 t 进行求导,可得

$$\frac{\partial \mu / \partial t}{\partial \lambda / \partial t} = 0 \tag{6.8}$$

这样求 $\frac{\partial \mu}{\partial \lambda} = 0$ 就等价于求 $\frac{\partial \mu}{\partial t} = 0$,不需要求蠕滑速度的大小就可以进行黏着峰

值点的识别,规避了直接测量实际蠕滑速度的困难。

利用上述特点,通过 PI 控制器的转矩反馈达到黏着控制目标,即

$$T_{PI} = K_P \dot{\mu} + K_I \mu \qquad (6.9)$$

将式(6.6)代入式(6.9),可得

$$T_{PI} = \frac{K_P}{Nr}\dot{T} + \frac{K_I}{Nr}T \qquad (6.10)$$

式中,K_P 和 K_I 分别为 PI 控制器的增益系数;T 为电机转矩;$\dot{T}$ 为电机转矩关于时间 t 的导数;N、r 分别为轮对的轴重和半径。

这样通过扰动观测器求得 $\dot{T}$ 与零值的比较,就可以判定黏着工作点是否处于黏着峰值点,然后通过 PI 控制器直接进行转矩反馈,使其趋近于黏着峰值点[15]。其控制过程如图 6.10 所示[17]。

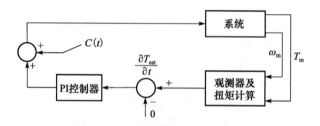

图 6.10　PI 控制法的控制框图[17]

ω_m. 测量的电机角速度;T_m. 测量的电机扭矩;T_{est}. 计算得到的黏着力矩;
$\partial T_{est}/\partial t$. 计算的黏着力矩关于时间的导数

通常在黏着曲线的稳定区,PI 控制是有效的,但在非稳定区,PI 控制很难将黏着系数调回稳定区。为解决这一问题,需要对 PI 控制器的反馈转矩 T_{PI} 增加一个能够迅速降低电机转矩,之后再平稳恢复的控制函数,如图 6.11 所示[18]。

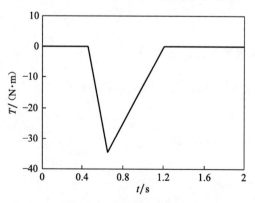

图 6.11　转矩控制函数[18]

2. 最小二乘法和最陡梯度控制法

识别黏着峰值的另一种方法是利用最小二乘法(RLS)计算在黏着峰值点处的蠕滑速度,然后通过调整电机扭矩使机车蠕滑速度趋近于期望蠕滑速度[12,16]。由于蠕滑曲线的斜率 k 难以直接求得,因此可以转换为式(6.11)的形式来间接计算。

$$k = \frac{\partial \mu}{\partial \lambda} = \frac{\partial \mu / \partial t}{\partial \lambda / \partial t} \tag{6.11}$$

需要注意的是无论是黏着系数还是蠕滑速度,其关于时间的导数在实际运用过程中都极不准确,易受各种干扰的影响。基于此,可以利用最小二乘算法来计算最优解。在算法中引入动态遗忘因子 κ 来决定每次迭代过程中对既有数据的利用。

$$\kappa = \frac{1}{1 + \kappa (\partial \lambda / \partial t)^2} \tag{6.12}$$

由方程(6.13)~方程(6.15)进行递归计算,可以求得较为准确的蠕滑曲线斜率 k。

$$\hat{k}(t) = \hat{k}(t-1) + Q(t) \left[\frac{\partial \mu}{\partial t} - \frac{\partial \lambda}{\partial t} \hat{k}(t-1) \right] \tag{6.13}$$

$$Q(t) = P(t) \frac{\partial \lambda}{\partial t} \tag{6.14}$$

$$P(t) = \frac{1}{\kappa} \left[P(t-1) - \frac{P^2(t-1)(\partial \lambda / \partial t)^2}{\kappa + P(t-1)(\partial \lambda / \partial t)^2} \right] \tag{6.15}$$

式中, $\hat{k}$ 和 $\hat{k}(t-1)$ 分别代表当前时刻与前一时刻蠕滑曲线的斜率值; P 为中间变量。

由最小二乘法得到 k 值后,可以采用最陡梯度法使机车实际的蠕滑速度趋近于参考蠕滑速度。根据黏着曲线特性,其在稳定区左侧近似是一条较陡的直线,坡度很大,靠近峰值处坡度变小;而在非稳定区,则是刚离开峰值处坡度较大,然后迅速变小。因此,由于其在非稳定区远离峰值处的坡度太小,需要引入一个 β 值,对它进行迅速调节,即

$$\begin{cases} s_{\text{ref}}(t+1) = s(t) + \alpha \hat{k}, & k \geqslant 0 \\ s_{\text{ref}}(t+1) = s(t) - \beta, & k \leqslant 0 \end{cases} \tag{6.16}$$

确定 s_{ref} 后,根据车速 v 和轮径 r,就可以求得所需的轮对角速度:

$$\omega_{\text{ref}} = \frac{s_{\text{ref}}(t+1) + v}{r} \tag{6.17}$$

然后,根据得到的参考角速度 ω_{ref},就可以按照 PI 控制的方法计算其参考转矩:

$$T_{\text{ref}} = K_{\text{P}}(\omega_{\text{ref}} - \omega_{\text{m}}) \tag{6.18}$$

最后,按照其计算结果对牵引电机进行调控。其控制过程如图 6.12 所示。

3. 滑模控制法

滑模控制法是一类特殊的非线性控制方法,其非线性表现为控制的不连续性。

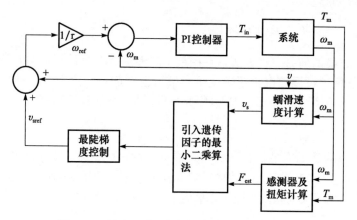

图 6.12　最小二乘法和最陡梯度法控制框图[12]

ω_m. 测量的电机角速度；ω_{ref}. 作为参考的期望角速度；v. 整车运行速度；s. 蠕滑速度；
s_{ref}. 期望蠕滑速度；T_{in}. 输入扭矩；T_m. 测量得到的电机扭矩；F_{est}. 计算得到的黏着力

这种控制策略与其他控制方法的不同之处在于系统"结构"并不固定，而是可以在动态中，根据系统当前的状态（如偏差及其各阶导数等）有目的地不断变化，迫使系统按照预定的"滑模状态"轨迹运动。这种方法通过控制量的切换使系统状态沿着滑模面滑动，使系统在受到参数摄动和外干扰时具有不变性[19,20]。

滑模控制法[21,22]的关键在于找到准确有效的切换函数。在机车黏着控制系统中，为获得最佳的黏着利用，通常需要使机车的蠕滑速度或蠕滑率控制在黏着峰值点附近。因此在利用滑模控制法进行黏着控制时，可以选择车轮蠕滑率作为状态变量，选取系统切换函数 ξ 为一阶线性函数：

$$\xi = \dot{e} + c_1 e, \quad c_1 > 0 \tag{6.19}$$

式中，$e = \lambda - \lambda_{ref}$ 为跟踪误差，λ 为蠕滑率，λ_{ref} 为期望蠕滑率。

式（6.19）可以写为

$$\xi = \dot{\lambda} - \dot{\lambda}_{ref} + c_1(\lambda - \lambda_{ref}) = \dot{\lambda} + c_1\lambda - c_1\lambda_{ref} \tag{6.20}$$

可以看出，系统的切换函数是在蠕滑率区间 $[0,2]$ 范围内斜率为 c_1 的直线，其控制目标为车轮蠕滑率 λ 沿着切换线收敛于期望蠕滑率 λ_{ref}。

对上述切换函数求导后，将蠕滑速度 $\lambda = \dfrac{v - \omega r}{v}$ 的一阶、二阶导数和简化动力学模型 $J\dfrac{\mathrm{d}\omega}{\mathrm{d}t} = Fr - T_b$，$M\dfrac{\mathrm{d}v}{\mathrm{d}t} = -F$，代入求导后的切换函数中，得

$$\xi = \frac{r}{vJ}(\dot{T}_b + B_0 T_b + B_1\mu + B_2\mu) \tag{6.21}$$

式中，

$$\begin{cases} B_0 = c_1 + \dfrac{2\mu g}{v} \\[2mm] B_1 = -\left[\dfrac{J}{r}(1-\lambda)g + Mgr \right] \\[2mm] B_2 = B_0 B_1 \end{cases} \tag{6.22}$$

为减少滑模控制系统的抖振,可采用基于等速趋近率的方法求解滑模控制率,代入上述结果,可以得到最终的制动力矩方程为

$$\dot{T}_{\mathrm{br}} = -\frac{vJ}{r} T \operatorname{sgn}(\xi) - B_0 T_{\mathrm{br}} - B_1 \dot{\mu} - B_2 \mu \tag{6.23}$$

通过上述滑模控制函数计算得到的制动力矩,并不直接作为调控量对机车制动力进行调控,而是作为参考值与机车实际制动力矩(通过测量制动气缸中的压力测得)进行比较,根据差值大小,通过对制动气缸的不断充排气,对机车制动力进行调控,使其趋近于参考制动力。

6.2.3　基于模糊算法和神经网络算法的控制法

机车的实际运行环境是一个复杂多变的开放性系统,难以用数学模型进行准确描述,而模糊控制法和神经网络算法通常是基于大量的运营和试验数据库,根据特定的算法程序编制的一种逻辑推理型的计算系统,并不需要建立精确的数学模型,在处理信息不确定性上具有明显的优势[12,16]。这种方法可以有效解决传统控制方法中无法解决的具有多复杂性、不确定性及非线性因素的控制问题,具有传统控制系统无可比拟的优点。目前模糊控制法在黏着控制系统中的应用已经比较成熟,本节选取了两种基于模糊控制法的黏着控制系统进行相关论述。

模糊控制基于大量的运营数据进行总结并做形式化描述,用汇编语言将其表达成一组定性的条件语句及模糊控制逻辑;然后利用模糊集合对其进行量化,进而设计一个控制器,用形式化后的语言来模仿人的控制策略,从而驱动相关控制设备以对控制对象进行调控[15,16]。由于机车的实际运行环境是一个复杂多变的开放性系统,难以用数学模型进行准确描述,而模糊控制法并不需要建立精确的数学模型,在处理信息不确定性上具有明显的优势。

1. 模糊非线性 PD 控制

如图 6.13 所示,该控制方法由外环的速度控制环和内层的蠕滑控制环构成。外环速度控制采用 PI 控制,以期望电机转速和实际转速的差值作为输入参数,以期望电机转矩作为输出参数。内环采用以蠕滑速度和蠕滑速度微分值作为输入参数的模糊控制结构,输出为电机转矩调整值[12,23]。

其模糊控制规则表如表 6.1 所示。表中 N、ZE、P 分别代表负值、零和正值;B、

M、S 则分别代表大、中、小,如表中最后一个单元格中的 PB,表示应进行正向较大的调整。

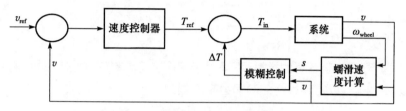

图 6.13　模糊非线性控制框图[12]

ω_{wheel}. 测量的电机角速度;v_{ref}. 期望运行速度;v. 整车运行速度;s. 蠕滑速度;
T_{in}. 输入扭矩;T_{ref}. 期望电机扭矩;ΔT. 计算得到的转矩调整值

表 6.1　模糊控制规则表[12]

$\dot{s}/s$	NB	NM	NS	ZE	PS	PM	PB
NB	NB	NB	NB	NB	ZE	PS	PM
NM	NB	NB	NB	NM	PS	PM	PB
NB	NM	NS	ZE	PS	PM	PB	PB
NS	NB	NB	NM	NS	PM	PB	PB
ZE	NB	NM	NS	ZE	PS	PM	PB
PS	NB	NB	NM	PS	PM	PB	PB
PM	NB	NM	NS	PM	PB	PB	PB
PB	NB	NM	NS	PB	PB	PB	PB

该控制系统是一个非线性 PD 控制,当前蠕滑速度远离最优蠕滑速度时,提供快速的电机转矩补偿;当前蠕滑速度邻近最优蠕滑速度时,提供微量转矩补偿[19]。此处作为输入值的蠕滑速度是最优蠕滑速度与当前蠕滑速度的差值。但是这种方法没有提供最优蠕滑速度的信息,必须添加一种最优算法或者规定一个最优蠕滑速度。

2. 模糊最优控制法

与模糊非线性 PD 控制法不同,该控制法通过搜寻最优蠕滑速度,判定调控策略,以实现最大黏着力。Palm 等[24]在此基础上建立了理想的模糊最优控制法,以黏着力微分和蠕滑速度微分作为输入参数,以参考蠕滑速度作为输出变量,对牵引电机进行调控。因为现实中黏着力不能直接测得,Frylmark 等[12]在 Palm 等[24]研究的基础上进行了改进,使用扰动观测器对黏着力进行计算,并以观测系数 $\dfrac{\omega_c}{s+\omega_c}$ 对其进行过滤,得到较可靠的黏着力 $\hat{F}_a$。然后对检测到的蠕滑速度和黏着力两个信号进行微分,并传输到模糊控制器,按照表 6.2 所示的模糊控制规则,输出一个变量 ΔI,对该变量进行微分就可以得到最优蠕滑速度。将实际蠕滑速度和经模糊控制系统计算得到的最优蠕滑速度进行比较,通过蠕滑控制器得到对电机转矩的调控指令。其控制过程如图 6.14 所示。

表 6.2　模糊控制规则表[24]

$\dfrac{\mathrm{d}F_a}{\mathrm{d}t}\Big/\dfrac{\mathrm{d}s}{\mathrm{d}t}$	NB	NM	NS	ZE	PS	PM	PB
NB	PSM	PM	PB	ZE	NB	NM	NSM
NS	PS	PSM	PM	ZE	NS	NSM	NS
ZE	ZE	ZE	ZE	ZE	ZE	ZE	ZE
PS	NS	NSM	NM	ZE	PM	PSM	PS
PB	NSM	NM	NB	ZE	PB	PM	PSM

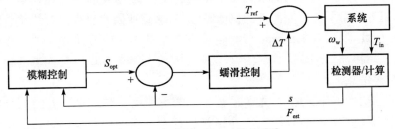

图 6.14　模糊最优控制框图[12]

ω_w. 测量的轮对角速度;S_{opt}. 计算得到的最优蠕滑速度;s. 实际蠕滑速度;T_{in}. 输入扭矩;
T_{ref}. 期望电机扭矩;ΔT. 转矩调整值;F_{est}. 计算得到的黏着力

6.2.4　其他方法

以上提到的黏着控制系统大都是利用速度传感器检测机车轴速的方法获得相关的判定数据,但由于传感器噪声的影响,即使经滤波处理,也无法消除全部噪声影响。因此,近年来不少研究人员开始基于无速度传感器黏着控制方法的研究,并取得了一定的成果。

本节摘选了以下两种比较新颖的方法进行简要介绍,以供读者参考。一种是基于驱动电机输入电流的差异性进行黏着状态判定和控制的电流控制法,另一种是利用轮轨滚动噪声特性和实时路况信息判定黏着水平并进行调控的噪声频谱检测法。

1. 电流控制法

与传统的依靠速度传感器检测蠕滑速度作为判定滑行或空转的指标不同,电流控制法是通过检测各牵引电机的电流差异作为控制指标。当各驱动轴的转速发生变化时,其牵引电机的电流也会发生变化,电流检测法正是基于其这一特性进行滑行或空转的判定,并根据驱动电流的大小计算其黏着力的大小[25]。

在传统的基于速度传感器检测蠕滑速度的方法中,如何确定车身速度 v_{ref} 往往是个难题,尤其是当所有轮对同时发生滑行或空转时。而使用电流控制法则可以很好地规避这个难题,同时由于可以消除轮径差和牵引电机性能差异带来的影响,其在检测微小蠕滑方面比常规使用速度传感器检测的方法要好很多。但是对于该方法的实用性和可行性仍存在争议,例如,Spiryagin 等[26]认为该方法并不能实现最大的黏着利用。

2. 基于噪声频谱检测技术的模糊控制法

随着近年来对列车运行时轮轨间滚动噪声研究的深入,人们对其产生机理和变化特性已经有了较强的认识,并建立了许多计算滚动噪声的数学模型。在以往的研究中,影响噪声产生的因素通常有轮轨表面粗糙度、轮轨间介质污染、轴重、运行速度、机车的牵引和传动部件的机械特性等,而这些因素也直接制约轮轨间的黏着特性。因此,通过采集机车运行时轮轨间产生的噪声信号并对其进行相应的滤波处理,然后再加上相应的路况信息,就可以从专用的数据库中查询得到轮轨间的黏着系数等信息。

该控制法的工作原理:首先通过在车轮的垂向平面和水平面方向上分别安装麦克风,收集机车运行过程轮轨滚动接触过程中产生的噪声波;然后通过 GPS 系统获得机车所在的位置信息,基站电脑根据列车的位置信息通过 GPRS 技术向机车控制系统反馈机车所处位置的路况信息;最后机车控制系统综合经特定算法处理后的噪声波信息和基站反馈的路况信息,查询专用数据库获得此刻的黏着系数、车速、蠕滑率、横向位移和冲角等运行参数。

在获得上述运行参数后,根据数据处理单元所建立的动力学模型,分别计算此时机车的理想牵引扭矩 T_{opt} 和实际牵引扭矩 T_{est}。之后计算得到的 T_{opt}、T_{est} 和司机设定的参考扭矩 T_{ref} 被共同传递到控制单元,控制单元按照设定的模糊控制逻辑对牵引电机进行调控,以获得最大的黏着利用率。其控制框图如图 6.15 所示[26]。

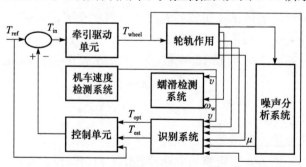

图 6.15　基于噪声频谱检测技术的黏着控制框图[26]

T_{in}. 输入扭矩;T_{wheel}. 分配至轮对的扭矩;T_{ref}. 期望电机扭矩;T_{est}. 计算得到的电机扭矩;T_{opt}. 计算得到的最优电机扭矩;ω_w. 轮对角速度;v. 机车整车速度;μ. 基于噪声分析系统计算的当前最大黏着系数

参 考 文 献

[1] Nagase K. A study of adhesion between the rails and running wheels on main lines：Results of investigations by slipping adhesion test bogie. Proceedings of the Institution of Mechanical Engineers，Part F：Journal of Rail and Rapid Transit，1989，203(1)：33—43.

[2] Magel E，Tajaddini A，Trosino M，et al. Traction，forces，wheel climb and damage in high-speed railway operations. Wear，2008，265(9-10)：1446—1451.

[3] Lundberg J，Rantatalo M，Wanhainen C，et al. Measurements of friction coefficients between rails lubricated with a friction modifier and the wheels of an IORE locomotive during real working conditions. Wear，2015，324-325：109—117.

[4] Harrison H，McCanney T，Cotter J. Recent developments in coefficient of friction measurements at the rail/wheel interface. Wear，2002，253(1-2)：114—123.

[5] Arias-Cuevas O，Li Z. Field investigations into the adhesion recovery in leaf-contaminated wheel-rail contacts with locomotive sanders. Proceedings of the Institution of Mechanical Engineers，Part F：Journal of Rail and Rapid Transit，2011，225(5)：443—456.

[6] Zhu Y，Olofsson U，Nilsson R. A field test study of leaf contamination on railhead surfaces. Proceedings of the Institution of Mechanical Engineers，Part F：Journal of Rail and Rapid Transit，2014，228(1)：71—84.

[7] Moreno-Ríos M，Gallardo-Hernández E A，Vite-Torres M，et al. Field and laboratory assessments of the friction coefficient at a railhead. Proceedings of the Institution of Mechanical Engineers，Part F：Journal of Rail and Rapid Transit，2016，230(1)：313—320.

[8] Lewis S R，Lewis R，Olofsson U. An alternative method for the assessment of railhead traction. Wear，2011，271(1-2)：62—70.

[9] Lewis R，Lewis S R，Zhu Y，et al. The modification of a slip resistance meter for measurement of railhead adhesion. Proceedings of the Institution of Mechanical Engineers，Part F：Journal of Rail and Rapid Transit，2013，227(2)：196—200.

[10] Lewis S R，Lewis R，Richards P，et al. Investigation of the isolation and frictional properties of hydrophobic products on the rail head，when used to combat low adhesion. Wear，2014，314(1-2)：213—219.

[11] 李江红，胡云卿，彭辉水，等. 轨道交通粘着利用控制的关键技术与方法. 机车电传动，2014，(6)：1—5.

[12] Frylmark D，Johnsson S. Automatic slip control for railway vehicles[Master Thesis]. Linkoping：Linkoping University，2003.

[13] Park D Y，Kim M S，Hwang D H，et al. Hybrid re-adhesion control method for traction system of high-speed railway. IEEE Proceedings of the Fifth International Conference on Electrical Machines and Systems，2001，(2)：739—742.

[14] 邱存勇，廖双晴. 电力机车粘着控制现状与展望. 信息与电子工程，2008，6(4)：301—306.

[15] 廖双晴. 基于虚拟样机技术的机车粘着控制仿真平台研究[硕士学位论文]. 成都：西南交

通大学,2007.

[16] 廖双晴,肖建,黄景春. 机车黏着控制方法的研究现状综述. 铁道机车车辆,2007,27 (B10):39—42.

[17] Ohishi K,Nakano K,Miyashita I,et al. Anti-slip control of electric motor coach based on disturbance observer//IEEE the 5th International Workshop on Advanced Motion Control,Coimbra,1998:580—585.

[18] Ohishi K,Ogawa Y,Miyashita I,et al. Anti-slip re-adhesion control of electric motor coach based on force control using disturbance observer//IEEE Industry Applications Conference,Coimbra,2000,(2):1001—1007.

[19] 陈哲明. 高速列车驱动制动动力学及其控制研究[博士学位论文]. 成都:西南交通大学,2010.

[20] 李江红,马健,彭辉水. 机车粘着控制的基本原理和方法. 机车电传动,2002(6):4—8.

[21] Choi J J,Park S H,Kim J S. Dynamic adhesion model and adaptive sliding mode brake control system for the railway rolling stocks. Proceedings of the Institution of Mechanical Transit Engineers,Part F:Journal of Rail and Rapid Transit,2007,221(3):313—320.

[22] 彭辉水,陈华国,曾云,等. 基于加速度微分粘着控制方法的仿真研究. 机车电传动,2010,(2):26—27,32.

[23] Garcia-Riviera M,Sanz R,Perez-Rodriguez J A. An antislipping fuzzy logic controller for a railway traction system//Proceedings of the 6th IEEE International Conference on Fuzzy Systems,Barcelona,1997,(1):119—124.

[24] Palm R,Storjohann K. Torque optimization for a locomotive using fuzzy logic//Proceedings of the 1994 ACM symposium on Applied Computing,Phoenix,1994:105—109.

[25] Watanabe T,Yamashita M. Basic study of anti-slip control without speed sensor for multiple motor drive of electric railway vehicles//IEEE Proceedings of the Power Conversion Conference,Osaka,2002,(3):1026—1032.

[26] Spiryagin M,Lee K S,Yoo H H. Control system for maximum use of adhesive forces of a railway vehicle in a tractive mode. Mechanical Systems and Signal Processing,2008,22(3):709—720.

索　引

油介质　35,48
油膜　49,78
水油混合介质　56

Z

增黏　6,96,149

制动牵引黏着系数　5
钟摆式摩擦测试仪　163
轴重　6,16,36,89
纵向黏着系数　19
纵向蠕滑率　11

编 后 记

　　《博士后文库》（以下简称《文库》）是汇集自然科学领域博士后研究人员优秀学术成果的系列丛书。《文库》致力于打造专属于博士后学术创新的旗舰品牌，营造博士后百花齐放的学术氛围，提升博士后优秀成果的学术和社会影响力。

　　《文库》出版资助工作开展以来，得到了全国博士后管委会办公室、中国博士后科学基金会、中国科学院、科学出版社等有关单位领导的大力支持，众多热心博士后事业的专家学者给予积极的建议，工作人员做了大量艰苦细致的工作。在此，我们一并表示感谢！

《博士后文库》编委会